지구촌 여행과 교육이 주는 지혜

이 희 천 저

도서출판 상 학 당

Prologue

급변하고 있는 시대의 현대인들은 과거에는 전혀 경험해 보지 못했던 것들에 대항하면서 살아갈 수밖에 없는 듯하다. 코로나 19(COVID 19)는 전세계 사람들의 행동반경을 제한하고 '비대면 활동'이라는 신조어가 일반화되고 있는 가운데 변종 바이러스의 감염 가능성도 제기되고 있어 세상 사람들을 불안하게 하고 있다.

이와 같은 바이러스의 전염으로 인한 자국민만을 보호하기 위한 폐쇄조치는 이미 사회 · 경제 · 정치 · 문화 등 전 분야의 글로벌화가 진행되어 있는 상태이기 때문에 불가능할 정도에 이르고 있다. 즉, 피부 색깔이나 사용하는 언어가 다를지라도 지구촌에 존재하는 인종은 주어진 자연환경에 지배를 받고 살아야 한다. 인간의 편의성만을 고려한 첨단 시설이나 운영으로부터 발생되는 오염은 기후변화로 이어져 빙하를 녹여 바닷물 수면이 높아지고 대기의 기온 상승 등으로 인한 각종 부작용을 발생시키고 있다. 이와 같은 현상은 특정 국가의 안위만으로는 절대로 방어할 수 없다. 따라서 자국뿐만이 아니라 전 세계의 인간이나 자연을 공동으로 보호해야 하는 시대에 살고 있기 때문에 지구를 하나의 공동체로 인식하고 자국의 이익보다는 지구촌의 이익을 위해 과감한 양보가 필요한 것이다.

필자는 폐허가 된 전후 복구로 인해 경제적으로 어려운 시대에 태어나 궁핍한 삶의 현장에서 학창시절을 보냈으나, 항상 우리나라가 아닌 이웃 국가들에 대한 관심이 특별히 많았으므로 20대부터 외국기업의 근무와 해외여행의 경험을 토대로 '글로벌화(Globalization)'라는 사회적 현상을 몸소 체험할 수 있었다.

또한 평상시 교육에 대한 관심으로 인해 그 동안의 경험과 체험을 통해 얻은 시예를 후배들에게 전하고자 대학에도 약 23년 동안 재직하면서 후학을 양성하는데 게을리 하지 않았다.

비교적 짧은 기간 동안 다양한 형태의 해외여행을 통한 경험이 삶의 전부는 아니지만, 교육과 여행이 인간에게 많은 영향을 미친다는 개인적 생각으로 관심 있는 사람들을 위해 다양한 경험과 사례를 토대로 한 내용의 책을 출간하게 되었다. 물론 책의 내용은 필자의 주관적 의견일 뿐임을 미리 밝혀두고자 한다. 그리고 가능하면 개인적인 정보는 배제하기 위해 노력하였으며, 필자가 느낀 바를 솔직하게 글로 표현하고자 노력하였다. 책을 마무리 하면서 느낀 점은 경험하고 체험했던 현장의 내용을 사실적으로 표현하는 역량이 많이 부족한 것 같다. 그러나 필자가 전달하고자 하는 사례의 줄거리를 빠뜨리지 않았다는 것을 상기시키며 독자 여러분의 넓은 이해를 구하고자 한다.

끝으로 필자의 대학교재 편찬을 위해 물심양면으로 지원해 주신 도서출판 상학당의 남승우 사장님과 출간을 위해 힘써 주신 모든 분들께 진심으로 감사를 드립니다.

2022년 11월 저자 씀

Contents

01

세계의 리더 미국

United States of America

세계의 지도자
미국

이 세상에서 가장 비참한 종족이 있다면 바로 아메리칸 인디언(American Indian)이라 할 수 있다. 과거에 아름다운 아메리카 대륙을 차지하기 위해 프랑스와 영국이 전쟁을 했을 당시 원주민이었던 인디언들이 프랑스 편을 들었으나, 영국이 승리하면서 영국인들로부터 많은 핍박을 받았다. 그 후 미국이 독립 선언 후 영국과 전쟁을 벌였을 때 아메리칸 인디언은 영국을 지원하였으나 불행하게도 미국의 승리로 끝나고 말았다. 이에 미국의 제7대 대통령 앤드류 잭슨(Andrew Jackson)은 1830년 인디언제거법*을 제정하여 아메리칸 인디언을 거주 지역에서 강제로 변방으로 내몰아 아직까지도 미국의 주인으로서 역할을 하지 못하고 미국인에 의해 보호를 받고 살아가는 운명이 되었다. 이처럼 미국은 이 세상에서 가장 아름다운 땅 아메리카의 주인이 되어 가장 강력한 국력을 바탕으로 세계의 경찰 역할을 담당하고 있다.

미국은 우리나라의 약 100배에 가까운 국토를 보유하고 3억 3천 2백만 여명(2021년 기준)의 인구가 살고 있다. 세계의 다양한 민족이 함께 어울려 살아가는 다민족 국가로 인간의 존엄성을 바탕으로 존재하는 자체를 중요하게 여기는 유럽국가와 달리 지극히 개인적인 삶과 경제적 풍요로움을 추구하는 국민성을 갖고 있다.

---

* 미국의 제7대 잭슨 전 대통령은 백인을 정착시키고 노예제를 유지하기 위해 '인디언 제거법'을 만들어 아메리카 원주민 삶의 터전을 빼앗는 악법을 제정하였다.

또한 강대국이라는 자부심과 함께 세계의 질서유지에 앞장서고 있다는 이유로 사회주의와 자본주의 간의 이념적 갈등으로 분쟁이 발생할 경우 여지없이 개입하여 전쟁에 가담하고, 때로는 국토의 영유권을 정리하는 역할도 마다하지 않았다. 동독과 서독의 국토분단, 북한과 남한의 분단 등 전세계의 분쟁에 조정자의 역할을 담당하면서 강대국의 면모를 여실히 발휘하고 있다.

과거 우리나라 국민도 세계 최빈국으로 어려운 삶을 이어나갈 때 '아메리칸 드림(American Dream)'이라 불릴 정도로 많은 사람들이 미국으로 이주하였다. 그들은 인종차별과 어려운 환경에서도 경제적 풍요로움을 실현하고자 피땀 흘려 노력한 결과, 가난을 탈피하고 여유롭게 살아갈 수 있는 터전을 마련하였다. 현재는 미국 주요 도시에 한인 교포들이 사회의 중추적인 역할을 담당하면서 당당하게 살아가고 있다.

필자는 1983년 겨울 처음으로 꿈에 그리던 미국 제1의 경제도시 뉴욕 맨해튼(Manhattan)에 소재하고 있는 당시 세계에서 가장 높았던 엠파이어스테이트 빌딩(Empire State Building)을 방문하기 위해 런던(London)에서 뉴욕(New York)행 비행기를 이용하여 존 에프 케네디(John F. Kennedy) 공항에 도착하였지만, 당시에는 여행에 대한 경험이 부족하였기 때문에 무모하게도 호텔 예약도 하지 않은 상태로 무조건 택시를 타고 맨해튼으로 향했다. 그런데 맨해튼에 도착하였을 때는 도로가 한산하고 가로등 불빛만이 필자의 방문을 환영하는 듯하였다.

호텔 예약을 사전에 하지 않고 워크인 게스트(Walk in Guest)**로 호텔 체크인을 마치고 호텔 객실에 입실하여 창문을 통해

** 예약을 하지 않은 상태에서 특정 호텔 프론트 데스크를 방문하여 빈 객실 여부의 문의와 함께 공실이 있을 경우 체크인하는 경우를 일컫는다.

맨해튼 시내를 관망하였는데, 과연 미국이 부자의 나라임을 증명이라도 하듯이 허드슨강(Hudson River)과 이스트강(East River)변에 우뚝 솟은 빌딩들이 시야에 들어왔다.

당시 우리나라에서 가장 높은 빌딩은 서울의 31빌딩(31층)이었기 때문에 비교 대상이 아니었을 만큼 높은 빌딩이 즐비하였다. 이렇게 뉴욕 방문을 계기로 미국 전역의 주요 도시를 여행하면서 미국의 문화 및 풍습에 대해 많은 것을 배울 수 있었다.

Biola university 방문

필자가 소속된 대학의 국제교류처 책임자로 근무하던 시절 미국 로스앤젤레스(Los Angeles)의 오렌지 카운티(Orange County)에 소재한 바이올라 대학교(Biola University)에서 개최되는 성경세미나에 초청되어 참석한 적이 있다. 필자의 소속대학은 설립자의 기독교 이념을 바탕으로 개교한 교육기관이기 때문에 특별히 세미나에 참석할 수 있었다.

Biola University는 세계적인 기독교 대학으로 명성이 알려져 있는 대학으로써 정기적으로 이와 같은 세미나를 개최한다고 한다. 약 2주간에 걸쳐 진행되는 세미나에는 참석자 대부분이 목사나 선교사들이었고, 기독교계의 세계적으로 유명한 교수들이 초청되어 강의가 진행되었다. 강의내용은 대부분 성경내용과 간증을 바탕으로 진행되었는데, 처음에는 성경지식이 부족하고 기독교 신자로서의 자격이 부족한 탓이었는지 강의내용을 도무지 이해하지 못해 스트레스를 받기도 하였다. 마치 성경내용을 따발총 쏘듯이 진행하는 빠른 강의를 이해하기에는 역부족이었다. 그런데 이상하게도 2일 쯤 후에는 교수들의 강의내용을 이해하게 되면서 즐거운 세미나로 변하게 되었다. 이를 계기로 성경에 대해 많은 지식을 얻게 되었고, 목사님들의 간증을 통해 삶의 지혜와 하나님에 대한 개념을 비교적 정확하게 깨우칠 수 있었다.

세미나가 진행되는 동안 교류에 대한 근거 마련을 위해 Biola University의 국제교류 관계자에게 소속대학을 자세히 설명하고 향후 학생 교류가 이루어질 수 있도록 자매결연에 관한 제안을 하였다. 그 결과 학생들의 영어 어학연수와 신학과 학생들의 편입학에 관련한 내용을 포함한 자매결연 협정을 체결하기로 합의하였다. 이와 같은 협의를 바탕으로 또 하나의 자매대학이 탄생하게 되었다.

세미나가 거의 끝날 무렵 관계자의 안내로 주변의 한인교회와 세계에서 가장 큰 규모를 자랑하는 새들백(Saddleback) 교회*** 도 방문하였는데, 이 교회들을 방문하면서 한국 교회와 많은 차이점을 발견하였다. 새들백 교회의 웅장한 교회건물 내에서 목사님은 정장이 아닌 청바지와 재킷차림으로 설교를 진행하였고, 설교 전후의 행사에서 성가대의 격의 없이 자유롭고 흥이 넘치게 합창하는 모습이 우리나라 교회의 예배 모습과는 대조적이었다.

*** 1980년 미국 캘리포니아 오렌지카운티에 Rick Warren 목사에 의해 개척된 교회로 매 주일마다 2만 3천명 이상이 출석하고 8개의 위성교회에 2백 4십만 ㎡의 캠퍼스를 보유한 세계 최대 규모의 교회이다.

또한 한인교회인 서울교회는 규모가 제법 큰 공장을 매입하여 내부 인테리어(Interior) 공사를 거쳐 교회당으로 사용하고 있었는데, 출석하는 성도가 수천 명에 달한다고 한다. 한인 교회의 관계자의 전언에 의하면 대부분 성도들이 주일예배를 통해 신실한 마음으로 상호간 교제를 통해 외로움을 달래고, 사업에 대한 정보도 교환하며 주말을 보낸다고 한다.

미국 내 대학 교류

대학의 대부분의 학생들이 취업시험이나 영어권 국가의 유학을 위해 영어 구사능력에 대한 욕구가 상당하기 때문에 캠퍼스에서 배우는 영어보다 생활 속의 살아있는 영어 습득을 원하고 있다. 따라서 하계, 동계 방학기간을 이용하여 미국 현지 대학에 영어연수나 대학 간 교류를 목적으로 7개 이상의 현지 대학(University of San Diego, Biola University, Bloomfield College, California State University, Hawaii Pacific University, Lehman College 등)과 자매결연 협정을 체결하고 교류를 진행하였다.

대학에서는 활발한 국제교류를 위해 어학연수나 보건계열 학과의 프로그램에 참여하는 학생들에게는 비용의 일부를 지원하기도 하여 적극적으로 교류가 이루어졌으나, 교환학생이나 유학생

프로그램은 한국학생들의 미국행 수요만 있었을 뿐 미국학생 유치는 단기 연수 프로그램 정도로 그쳤다.

미국 현지 프로그램에 참가한 학생들은 빠르게 적응하여 단기간 연수에도 불구하고 진행자와 소통하는데 큰 어려움은 없었다. 미국 내 연수를 마친 학생들은 급속도로 영어 구사능력이 향상되어 자신감을 가질 수 있었기 때문에 매년 미국 현지 대학 연수가 성황리에 진행되었다.

미국 현지의 샌디에고 주립대학(San Diego State University)에서 하계방학을 이용하여 연수프로그램이 진행되는 동안에는 책임자로서 소임을 다하기 위해 거의 매일 해당 대학의 프로그램 담당자와 전자우편을 주고받으면서 진행상황을 점검하였는데, 프로그램에 적응하지 못하는 학생으로 인해 난처한 경우도 있었다. 해당 학생이 도저히 프로그램을 진행할 수 없을 정도로 스트레스를 받고 있었기에 조기 귀국하는 것으로 결정을 내리고 현지 대학의 국제교류 관계자를 통해 택시를 이용하여 공항까지 이동할 수 있도록 조치하였다. 그런데 학생은 본국의 어머니에게 혼자서 택시를 이용하여 공항에 갈 수 있도록 조치한 상황을 전화로 알

San Diego La Jolla 해변의 펠리컨(Pelican)

려 어머니는 매우 불안한 마음으로 책임자인 필자에게 자정이 지났음에도(미국과의 시차로 인해) 전화로 부당한 조치였음을 주장하면서 항의를 하였다. 사실 현지 대학에서는 정중하게 택시를 섭외하여 공항까지 안전하게 갈 수 있도록 조치하였는데도 불구하고 이와 같은 부모의 주장에 황당할 뿐이었다. 중 · 고등학생도 동일한 조치를 했을 경우 아무 불평 없이 혼자서 해결할 수 있었을 것이다. 결국은 학생이 문제를 자발적으로 해결할 수 있도록 하는 대학의 조치에 대해 구체적으로 설명하고, 스스로 공항까지 이동하고 출국 수속이나 항공기 탑승에 관한 방법을 구체적으로 알려주고 귀국시켰던 경험이 있다.

뉴욕의 자유여신상

뉴욕의 Ground Zero 현장

실무중심 교육의 MBA 과정

미국이 오늘날 세계 정치의 주역이 되고, 경제의 주도권을 가질 수 있었던 것은 바로 고등교육의 힘이 아닐까 생각된다. 필자가 시카고에 소재하고 있는 시카고 대학(University of Chicago)을 방문하여 MBA****과정을 마친 졸업생들의 졸업식에 참석한 적이 있다.

시카고 대학의 MBA 졸업식을 위한 행진

**** 경영학 석사(Master of Business Administration)라는 의미로 대부분 실무 경험이 있는 사람들이 수학을 하며, 학문적 부분에 중점을 두는 대학원 과정과는 차별화되어 이론을 바탕으로 실제상황에 응용할 수 있도록 훈련시키는 과정이다.

일반적으로 MBA과정하면 하버드 대학(Harvard University)이 세계에서 가장 우수하다는 평가를 받고 있지만, 현지에서 파악한 정보는 그렇지 않았다. 매년 전문기관에서 동일한 기준으로 평가한 결과 시카고 대학과 하버드 대학의 최우수 평가 순위가 시소 게임을 하듯이 바뀌고 있었다. 즉, 시카고 대학의 MBA과정이 하버드 대학의 과정보다 미국에서 가장 우수한 대학으로 선정되는 경우도 있다는 것이다. 따라서 시카고 대학 MBA과정의 실제 강의내용을 관찰한 결과 미국에서 최우수 과정으로 인정받을 수 있을 정도의 차별화된 교육이 실시되고 있었다.

교수의 일방적 강의는 전혀 배제되고 사전에 주어진 강의 주제를 바탕으로 학생들이 나름대로 연구한 내용을 발표하고 교수와 학생, 때로는 학생들끼리 이론과 실무에 대해 열띤 토론으로 강의가 진행되었다. 교수는 강의내용과 발표에 대한 해답을 제시하기보다 실무적으로 기업의 성공 및 실패사례의 원인분석 결과를 바탕으로 학생들의 의견에 폭넓은 지혜를 더해주고 있었다.

시카고 대학 MBA 과정 강의실 내부 모습

물론 강의실에는 최첨단 시설이 준비되어 시각적 도움과 실제 상황을 실시간으로 분석한 통계가 제시되어 강의를 효과적으로 이어갈 수 있었다. 학생들의 국적은 다양하고 전세계의 석학들이 모여 있기 때문에 글로벌 기업들 중 차별화된 전략으로 성장한 기업들과 실패한 기업들의 사례가 각각 제시되어 그 원인을 정확하게 파악할 수 있었다. 이와 같은 사례중심의 기업 경영진단은 실무차원에서 처해진 경제적 환경에서 실패하지 않고 안정적인 기업경영에 도움이 될 수밖에 없다는 생각이 들었다.

학생들이 정해진 과정을 마치면 졸업식이 성대하게 거행되는데 필자가 졸업식에 참석했을 당시에는 한국 국적의 학생은 4명이었으며, 전체 학생수는 다양한 국적의 약 500여명이 되었는데 색다른 졸업식을 지켜볼 수 있었다. 500여 명이라 할지라도 학생 개인 모두에게 축하와 함께 졸업장이 수여되어 졸업식 시간이 2시간 이상 소요되었다.

졸업식이 진행되는 동안 학생과 관계자들이 함께 참석해 마치하게 올림픽이 개최되는 것처럼 다양한 인종과 국적의 사람들이 모여 졸업식을 참관하고 축하해 주고 있었다. 학생들도 조금도 산만하거나 이탈하지 않고 졸업식이 종료될 때까지 서로가 자축하면서 졸업식을 마치고나서야 참석한 가족과 지인들을 만나 축하하는 모습을 지켜보면서 미국 최우수 MBA과정의 졸업식이 감동적이라는 것을 피부로 느낄 수 있었다.

졸업식을 마치고 당일 MBA졸업자인 지인 아들과 함께 자동차를 타고 이동하는 과정에서 졸업자에게 걸려온 전화 한 통이 다시 한 번 필자를 가슴 벅차게 하였다. 바로 뉴욕 월가(Wall Street)*****에서 걸려온 전화였는데, 당일 졸업자를 특별히 선발하기 위한 것이었다. 대화의 내용은 월가의 금융기업에서 졸업생을 유치하기 위한 연봉 협상이었는데, 제시된 연봉이 우리나라 대기업의 임원이 받는 수준으로 상상 이상이었다. 그러나 졸업자는 이에 만족하지 않고 복지와 성과급에 대한 보상을 추가로 요구하며 협상을 이어갔다. 이윽고 금융가 기업이 제시한 연봉과 성과급 및 복지에 대한 승낙으로 구두계약을 마쳤다.

졸업식 직후 전화상으로 취업을 위한 연봉 협상의 과정을 지켜보고, 이는 세계적인 명성을 얻고 있는 시카고 대학의 MBA과정이 최우수라는 사실을 증명해 주고 있었다. 그 후 그는 미국 시민권 취득은 물론이고 자랑스럽게도 뉴욕 월가의 금융기업에서 최고경영자로 부임하여 세계금융의 중추적인 역할을 담당하고 있다.

사실 우리나라 대기업에서도 우수한 글로벌 인재를 확보할 목적으로 매년 미국의 유명대학을 직접 방문하여 졸업예정 학생을 대상으로 현지 면접을 통해 해당 기업의 조건에 맞는 우수한 인재를 선발하기도 한다. 우리나라도 가까운 미래에 이와 같은 세계적인 금융허브나 첨단 산업단지의 기업 그리고 글로벌 기업 등이 유치되어, 세계적으로 인정받는 고등교육기관에서 양성된 글로벌 수준의 자격을 갖춘 인재가 선발되길 기대해 본다.

***** 뉴욕시 맨해튼 남부에 위치한 금융기관이 밀집되어 있는 지역을 일컫는 것으로 월가는 뉴욕 증권거래소의 소재지이며, 미국의 '영향력 있는 금융세력'을 은유적으로 월 스트리트라고 표현하기도 한다.

02

영연방 국가의 매력

캐나다/뉴질랜드/호주

캐나다의 넓은 국토

캐나다(Canada)는 언제나 보수주의 향기를 내뿜는 아름다운 국가로 북아메리카 대륙 북부의 영연방국가이다. 대부분의 사람들 마음속에 캐나다는 북아메리카의 대표적인 청정국가이자 선진국으로 자리 잡고 있을 것이다. 세계에서 러시아 다음으로 넓은 국토인 한반도의 약 45배 규모(약 998만㎢)를 보유한 국가이며, 이민국이기도 하다.

동쪽으로는 대서양, 서쪽으로는 태평양, 북쪽으로는 북극해를 접하고 있다. 또한 서쪽과 남쪽으로는 미국과 약 8,891km에 이르는 세계에서 가장 긴 국가 간 국경을 이루고 있다.

인구는 3,370만 여명(2020년 기준)으로 우리나라의 약 100배에 가까운 크기의 영토이지만 인구는 우리나라의 5,100만 여명(2021년 기준)보다 적다는 사실에 놀라지 않을 수 없다. 따라서 도시를 조금만 벗어나면 소수의 주민들이 살아가는 작은 마을을 쉽게 발견할 수 있다.

한편 출생률이 점점 낮아지고 있기 때문에 노동력이 턱없이 부족하여 사회적인 문제로 대두되고 있다. 이와 같이 부족한 노동력을 해결하기 위한 방법으로 전세계를 대상으로 이민을 받고 있으며, 특히 유학생들을 대상으로 졸업 후에 일정기간동안 취업 기회가 주어지고 이민조건을 만족시키는 경우 영주권을 부여하기도 한다. 따라서 우리나라의 많은 유학생들이 유학을 마치고 현지 취업과 함께 영주권을 취득하여 생활하기도 하고, 사업과 취업이민을 위한 신청자가 점점 증가하고 있다.

특히 캐나다는 호주(Australia), 뉴질랜드(New Zealand)를 비롯한 영연방국가들과 동군연합*을 이루고 있다. 즉, 캐나다의 국가원수는 영국의 국왕 찰스 3세(Charles Ⅲ)이며, 캐나다 총독은 찰스 3세의 대리인인 특이한 정치적 형태로 국가가 통치되고 있다. 그리고 캐나다는 영어와 프랑스어가 국가의 공용어로 사용되고 있다.

캐나다 서부의 로키 산맥(Rocky Mountain)은 북아메리카 브리티시컬럼비아 주(British Columbia State)에서 미국의 뉴멕시코에 이르기까지 남북으로 약 4,500km에 걸쳐 남북으로 길게 뻗어있다. 따라서 서부 산악지역은 사계절 내내 아름다운 자연의 모습을 보여준다. 대부분의 인구는 동부지역의 도시에 살고 있기 때문에 서부에는 밴쿠버(Vancouver)시를 제외하고 큰 도시가 없다.

2009년 1월에 보건계 학생들의 실습과 관련한 내용을 협의하기 위해 캐나다 서부의 프린스 조지(Prince Jorge)에 소재하고 있는 뉴칼레도니아 대학(College of New Caledonia)을 방문한 적이 있다. 그런데 상술한 바와 같이 서부는 험준한 산악지형이 많고 겨울이었기 때문에 눈이 많이 쌓여 밴쿠버에서 국내선을 이용하여 프린스 조지 시에 도착하였다. 대학 캠퍼스는 소규모였으나, 졸업 후 취업을 목적으로 설립된 대학이었기 때문에 간호과, 치과 등 각종 직업과 관련된 실습실이 잘 갖추어져 있었다.

특히 지역 업계의 현장실습과 연계하여 실습이 가능하기 때문에 방학기간을 이용하여 어학연수 겸 현장실습을 위한 프로그램

---

* 영연방국가처럼 서로 독립된 2개 이상의 국가가 동일한 군주제 국가의 국가원수를 중심으로 이루어지는 정치 형태이다.

을 위한 협약을 체결하고 몇 년에 걸쳐 연계프로그램을 진행하였다. 그러나 학생들의 커리큘럼(Curriculum)이 캐나다와 다른 관계로 현지 현장실습은 원활하게 진행되지 못하고 견학으로 대체되어 많은 아쉬움을 남기기도 하였다.

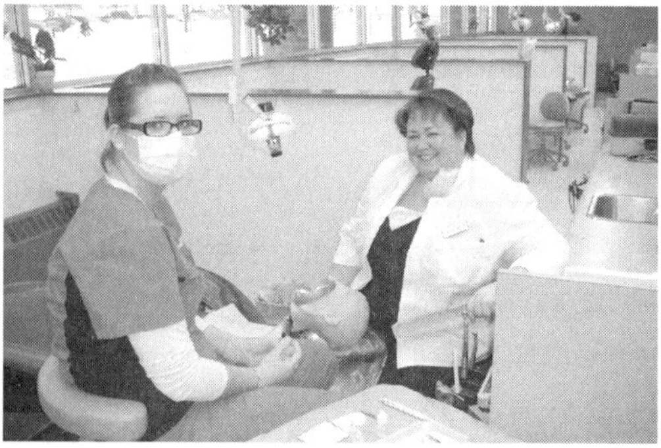

뉴칼레도니아 대학의 간호실습

아름다운 도시, 뉴질랜드의 크라이스트처치

뉴질랜드(New Zealand)는 오세아니아에서 호주, 파푸아뉴기니(Papua New Guinea)에 이어 3번째로 큰 면적(한반도의 1.2배)을 보유한 국가이다.

인구는 약 530만 여명(2021년 기준)으로 비교적 인구밀도가 적고 경제적으로 부유한 국가이다. 수도는 국토 중부의 웰링턴(Wellington)이며, 오클랜드(Auckland)는 북섬의 최대 도시면서 경제의 중심 도시이다. 흔히 뉴질랜드는 편의상 북섬과 남섬으로 구분하기도 한다.

동일한 영연방 국가인 호주에 비해 영국으로부터 많은 정치범들이 이민하여, 비교적 원주민인 마오리(Maori)족과 공존하며 각지의 정체성을 유지하면서 더불어 살아온 역사를 간직하고 있다. 뉴질랜드는 사회적 복지제도가 잘 발달하여 주민들 간에는 평등정신이 무척 강하며 사회적, 경제적인 수준으로 상·하계급을 구분하지 않는다. 이와 같은 사회적 인식과 복지제도를 바탕으로 세계 최초로 양로연금 제도를 실시하였고 완전고용과 실업수당제도, 무상교육제도, 무상의료 등 사회복지제도를 도입하고 있다. 그러나 최근 낮은 출산율과 노동인력 감소 등으로 사회적 문제가 대두되고 있기 때문에 사업이나 취업과 관련한 이민자를 우대하는 정책으로 줄어들고 있는 경제활동 인구를 충당하고 있다.

계절이 우리나라와 정반대이기 때문에 필자가 뉴질랜드를 방문한 2008년 12월은 우리나라는 겨울이었지만 뉴질랜드는 여름이었다. 남섬의 아름다운 도시 크라이스트처치(Christchurch)에 소재한 자매대학인 크라이스크처치 기술대학(Christchurch Polytechnic Institute of Technology)은 캠퍼스가 너무 예쁘게 단장되어 놀라지 않을 수 없었다.

관계자의 안내로 캠퍼스투어를 마치고 학생 및 교직원 교류에 관한 구체적인 내용을 협의한 후 협약서 서명을 통해 또 하나의 자매대학으로 탄생하게 되었다. 후일에 일정한 절차를 거쳐 어학연수가 크라이스트처치 기술대학에서 실시되었는데, 대부분의 참가학생들이 캠퍼스의 시설과 제공받은 서비스에 만족하였다는 평가를 받았다.

그러나 뉴질랜드는 환태평양 지진대에 속하며 인도-호주판과 환태평양 판이 충돌하는 지역으로 지진이 자주 발생하는 나라이다. 아름다운 도시를 시샘이라도 하듯이 자매대학이 소재한 크라이스트처치 시에 2010년 9월 4일에 리히터 규모(Richter Scale) 7.1의 대규모 지진이 발생하였는데, 이 지진으로 인해 빅토리아(Victoria) 여왕 시절부터 존재했던 건축물들을 비롯하여 아름답고 오래된 건축물들이 파괴되어 사라져 버렸다. 이 때 비록 사망자는 없었으나 주민들의 경제적 그리고 정신적 피해는 상상을 초월할 만큼 컸다. 이듬해 2011년 2월 22일에 리히터 규모 6.3의 지진이 한 번 더 발생하여 시내를 초토화 시키고 말았다. 이로 인해 크라이스트처치 시는 폐허가 된 시를 복구하기 위해 거의 1년 동안 출입이 금지되었다. 이와 같은 자연재해로 크라이스트처치 대학과의 교류가 안전의 이유로 중지되는 결과를 초래하였다.

뉴질랜드 남섬의 밤하늘

뉴질랜드 북섬에는 화산지대가 많은 반면 남섬은 빙하지형이 많으며 높은 산들과 절벽, 호수가 많이 분포되어 있다. 따라서 흔히들 북섬을 '불의 섬', 남섬을 '얼음의 섬'이라 부르기도 한다.

북섬에서 남섬으로 이동할 때에는 웰링턴(Wellington)에서 남섬의 북쪽 끝 픽턴(Picton)까지 배나 항공기를 이용하는데 배편은 약 3시간 정도 걸린다.

뉴질랜드 남섬은 볼거리가 주로 산과 물인 것 같다. 남섬에 위치하고 있는 3,724m 높이의 쿡산(Mountain Cook)은 만년설을 자랑하는 산으로 기후변화로 인해 빙하가 녹아 계곡을 흘러 호수를 만들었는데 호수의 물빛이 일반 호수의 색깔과 전혀 다른 에메랄드(Emerald) 빛을 띠고 있었다. 쿡산에 올라 빙하의 위를 걸어갈 때는 신기하게도 마치 바위 위에 얹혀 있는 느낌이었다. 오랜 기간 동안 쌓였던 눈의 중력으로 얼음의 질도 일반의 것보다 훨씬 밀도가 높았다.

현지 안내원의 전언에 의하면 빙하가 녹아서 흐르는 물은 깨끗하기 때문에 일반 음료수보다 질이 좋다고 한다. 흐르는 물을 마셔보기도 하고 심지어는 가지고 간 플라스틱 병에 물을 담아 귀국길에 기념으로 가져오기도 하였다.

쿡산(Mountain Cook)의 호수

퀸스타운의 해변

선진국답게 자연보호 정책을 강력하게 추진한 결과인지 바다가 정말 바닥이 보일정도로 깨끗하게 관리되고 있었다. 아마도 남섬에서 가장 아름다운 곳을 추천하라고 하면 주저하지 않고 퀸스타운(Queens Town)을 선택할 것이다. 바다와 공원 도시가 적당히 어우러져 있는 퀸스타운은 그야말로 자연을 그대로 보존하고 있는 아름답고 아담한 도시로 기억된다.

특히 사색에 담긴 상태로 퀸스공원(Queens Park)을 걷는다면 누구라도 자신이 시인이라도 된 듯이 자연과의 교감이 이루어질 것 같았다. 특히 저녁이 되면 남반구의 하늘에서 별들이 쏟아지는 것처럼 수많은 별들이 향연을 즐기고 있는 듯하였다. 이와 같이 아름다운 청정지역이 지구상에 또 존재할까?

캥거루의 나라 호주

호주는 캥거루(Kangaroo), 오페라(Opera) 극장, 백인우월주의, 이민국가 등을 상기시키는 국가로 오세아니아(Oceania)에서 가장 큰 규모(약 774만㎢, 한반도의 약 35배)의 국가이다. 인구는 약 2,550만 여명(2020년 기준)으로 일반적으로 호주의 수도를 대도시인 시드니(Sydney)나 멜버른(Melbourne)으로 잘 못 알고 있는 경우도 있으나, 캔버라(Canberra)가 수도이다. 호주는 세계에서 가장 인구밀도가 낮은 국가(2020년 기준)로 인구 대부분이 동남쪽 해안에 둥지를 틀고 살고 있으나, 중부에는 거의 사람이 살지 않는다.

호주의 상징 캥거루

과거 백호주의 사상으로 아시아인들의 이민을 제한하여 아시아 각국과 외교적 마찰을 빚기도 하였다. 그러나 호주는 지리적으로 가깝고, 무역이나 외교 관계에서 아시아 국가를 무시할 수 없었기 때문에 아시아 국가와 교역 규모가 늘어나면서 1970년대 초에는 공식적으로 백호주의가 폐지되고 아시아 국가들에게도 이민이 완전 개방되었다.

우리나라도 한 때는 호주 유학 붐의 영향으로 많은 청년들이 유학을 위해 호주로 떠났고, 이어 사업이나 취업 이민을 목적으로 이주하는 사람들이 점점 늘어나고 추세이다. 또한 부족한 노동력을 보충하기 위해 호주 정부에서는 청년들을 대상으로 워킹홀리데이(Working Holiday)** 비자를 발급하기도 하였다.

시드니의 하버 브릿지(Harbour Bridge)

** 젊은이들이 특정 국가에 합법적인 취업활동으로 일정기간 동안 노동력을 제공하고 해당 국가를 여행하면서 부족한 경비를 충당하는 제도를 의미한다. 캐나다나 호주, 뉴질랜드와 같이 대부분 노동력이 부족한 국가에서 특정 국가와 협약을 통해 워킹홀리데이 제도가 실시된다.

2007년 8월 호주를 방문하면서 대륙의 규모를 몸소 느낄 수 있었으며, 캐나다와 뉴질랜드에 이어 주요 영연방국의 교육제도 사회적 시스템을 현장에서 배울 수 있는 계기가 되었다.

당시에도 많은 한국 관광객이 호주를 찾고 있었으나, 그 들의 방문목적은 순수한 관광이었겠지만 필자는 관광을 포함하여 호주의 서비스 문화, 교육정책 등을 파악하기 위한 목적으로 방문하게 되었다.

당시 필자는 커튼대학(Curtin University of Technology)과 서부 지역 퍼스(Perth)의 머독대학교(Murdoch University), 그리고 뉴캐슬 대학(The University of New Castle) 등의 교과과정(Curriculum)이나 대학의 정책 등에 관해 인지하고 있었기 때문에 현장 업무에 관한 이해가 비교적 용이하였다. 현장에서 얻는 지식을 바탕으로 귀국 후 제자들 혹은 유학 희망자들을 대상으로 상담을 진행할 때 많은 도움이 되었다.

호주는 영연방 국가이므로 모든 사회적 시스템이 영국식을 채택하고 있었다. 일설에 의하면 영국 정부가 호주에는 죄수들을 이민시켜 무식한 백인들이 이룩한 국가로 알려져 있다. 그러나 현재의 사회적 구조나 문화를 살펴보면 단지 전해 내려오는 소문에 불과한 것으로 생각된다. 백호주의가 법적으로는 폐지되었지만 아직도 호주의 중소도시나 외곽 지역에는 엄연히 호주의 백호주의 사상을 가진 백인들이 존재하고 있다고 한다. 이러한 이유로 종종 한인 교포나 유학생 대상의 테러(Terror) 사건이 발생하여 세상을 놀라게 한 적도 있다.

03

필리핀의 글로벌 교육

Philippine

필리핀의 교육환경

필리핀은 19세기 말까지 약 300여 년의 스페인(Spain) 식민통치가 지속되었고, 미국과 스페인의 전쟁에서 1898년 미국의 승리로 인해 미국의 식민통치가 시작되었다. 또한 제2차 세계대전 중에는 일본의 통치하에 있었던 불행한 역사를 간직하고 있다. 스페인 식민통치하에 있었던 탓에 동남아시아에서 유일하게 로마 카톨릭(Catholic) 국가가 되어 수도사의 천국이라는 별명을 얻기도 하였다.

필리핀은 아시아와 오세아니아(Oceania)* 대륙 사이에 있는 7,107개의 크고 작은 섬으로 이루어져 있는 국가로 동남아시아의 동북단에 위치해 있으며, 대부분 무인도에 불과해 사람이 사는 섬은 약 880개뿐이다. 그나마 명명된 섬은 약 2,700개밖에 되지 않는다고 한다.

필리핀의 섬들은 환태평양 화산대에 속하기 때문에 지진이 자주 발생하고 화산 활동도 비교적 활발하다. 또한 섬들의 지형은 대부분 산으로 이루어져 있고, 평야는 해안 연안에 저지대를 흐르는 하천에만 존재하고 있어 농경지는 별로 없는 편이다. 필리핀의 지리적 특성으로 인해 여름과 가을에는 태풍으로 많은 피해가 발생되고, 섬들이 많아 일부의 섬은 마약범죄의 은신처가 되기도 한다.

---

* 전세계 육지의 약 6%를 차지하는 대륙으로 태평양과 인도양 사이에 흩어진 남태평양의 섬들을 지칭하며, 대양주라고도 불린다.

과거 식민통치로 인해 진정한 자유를 누리지 못하였으나, 미국이 통치하면서 개인의 자유가 보장되어 비교적 빠른 속도로 경제성장을 이룰 수 있었다. 또한 1946년 7월 미국으로부터 독립 후에도 모든 사회구조와 교육시스템이 미국과 동일한 형태로 갖추어져 있었기 때문에 미국과의 인적, 물적 교류가 활발하게 진행될 수 있었다.

또한 필리핀은 1950년대부터 1970년대 초까지 아시아에서 일본 제외하고 경제사정이 가장 좋은 국가였다. 우리나라는 전쟁으로 폐허가 되어 최빈국이었을 당시 필리핀은 경제적으로 우리나라보다 부유한 나라였다. 그러나 마르코스(Ferdinand E. Marcos) 정권의 독재와 부패, 국민들의 엄청난 빈부격차로 인해 경제적으로 쇠퇴하였으며, 더욱이 필리핀에 주둔하고 있던 미군 철수는 경제적 타격으로 이어졌다. 비록 경제적으로는 부유하지 못하지만 현지 주민들의 생활상을 고려하면 우리나라보다 행복지수가 높을 정도로 낙관적이고 긍정적인 마인드로 살아가고 있다.

또한 빈부의 격차는 심하지만 우리나라처럼 필리핀은 학부모들의 교육열이 대단히 높은 탓으로 학부모들이 고생이 될지라도 자녀들을 가르치는데 돈을 아끼지 않는 국가이다. 아시아 최초의 대학교인 산토 토마스 대학교(Pontifical and Royal University of Santo Tomas)** 등과 같은 명문대학교들의 등장은 교육에 대한 열정을 확인시켜주고 있다.

또한 현재 필리핀의 국어는 필리핀어와 영어를 공용어로 사용하고 있으며, 미국의 모든 교육시스템을 따르고 있기 때문에 미

** 필리핀 마닐라에 소재하고 있는 로마 가톨릭교회 연구 대학인 사립대학으로 1611년 4월 28일 마닐라 대주교였던 미겔 데 베나비데스에 의해 설립되었고, 아시아에서 가장 오래된 정식 인가 대학으로 알려져 있다.

국대학에 신입학 또는 편입학하는데 많은 도움이 되고 있다.

예를 들면 우리나라와 미국의 교육과정이 다르기 때문에 우리나라 대학에서 간호학과를 졸업하고 간호사 면허를 취득했을지라도 미국 병원에 취업을 할 수 없다. 따라서 미국 병원에 취업하기 위해서는 미국 간호사 자격시험에 합격하여 별도의 자격증을 취득해야만 한다.

그러나 필리핀 간호대학의 경우 교육과정이 미국과 동일하기 때문에 필리핀에서 실시하는 간호사 자격시험에 합격하면 해당 자격증으로 언제든지 미국병원에 취업이 가능하며, 언어도 영어가 공용어이기 때문에 우리나라 학생들보다 훨씬 용이하게 취업을 할 수 있다. 실제로 우리나라 교육기관에서 영어 원어민 강사를 채용할 경우 필리핀 국적의 강사도 영어를 공용어로 사용하고 있기 때문에 원어민으로 간주되어 영어교육을 담당하기도 한다.

Angeles University의 조리실습

필리핀은 지리적으로 미국에 비해 우리나라와 가깝고, 생활비용도 비교적 저렴하여 한 때는 영어연수를 목적으로 현지 교육기관과 교류가 활발하게 이루어졌다. 필자가 소속되어있는 대학교도 필리핀의 대학들(South Western University, Bulacan State University, De Salle Araneta University, Lyceum University 등)과 자매결연을 위한 협약을 체결하고 교환학생은 물론 어학연수 및 편입생을 위한 프로그램을 통해 학생 및 교직원 교류를 성공적으로 진행할 수 있었다.

필리핀 유학생들은 미국식 교육방식의 강의가 적응되어 있기 때문에 필자가 다수의 필리핀 유학생이 포함된 강의를 진행하면서 일방적 전달방식이 아닌 쌍방향 강의 방식으로 전환할 수 있는 계기가 되기도 하였다. 강의주제에 대해 사전에 주어진 과제를 바탕으로 강의를 진행하면서 학생들로부터 제시된 의견을 분석해 보면 필리핀 학생들의 의견이 매우 합리적이고 논리적이었던 것은 바로 교육방식이 다르기 때문이었을 것이다.

이와 같은 필리핀의 미국식 교육시스템으로 인해 우리나라 초중학생들도 방학기간을 이용하여 영어능력향상을 위해 필리핀 교육기관에 의해서 특별히 마련된 영어연수프로그램 연수에 집단적으로 참여하기도 하는데, 인건비가 저렴하기 때문에 1대1 영어교육도 가능하다. 실제로 필자의 지인은 필리핀 현지 교육기관과 연계하여 조인트 연수프로그램(Joint Program)을 마련하여 하계 방학기간동안 초·중학생들을 모집한 후 직접 인솔하여 현지에서 영어연수뿐만 아니라 국어와 수학 과목도 동행한 한국인이 특별지도하여 학생들의 실력을 크게 향상시켜 학부모들로부터 많은 호응을 받기도 하였다. 그 결과 수요가 급증하여 매년 정기적으로 필리핀 현지에서 특별 연수프로그램을 진행하고 있다.

요즘도 자녀의 영어교육을 위해 미국이나 캐나다보다 비교적 비용이 저렴한 필리핀에 자녀와 함께 머물면서 현지 교육을 위해 자녀 뒷바라지를 하고 있는 경우도 있다. 그러나 우리나라의 교육시스템과 환경도 점점 서구화 되고, 개인의 자질향상을 위주로 하고 있기 때문에 오히려 자녀들의 인성교육과 사회성 측면에서 필리핀의 교육시스템보다 우수하다고 감히 주장하고 싶다.

필리핀은 무기소지 가능국가

우리나라에서 대학을 졸업한 후 취업하기 위해 소위 스펙(Specification)이라 불리는 자격이나 경력을 확보하는데 많은 에너지를 쏟아야만 한다는 사회적 정서가 있다. 이로 인해 대부분의 학생들이 널리 통용되는 영어능력을 향상시키기 위해 학과에 관계없이 방학기간을 이용하여 대학교 내에서 실시되는 영어교육이나 혹은 해외 자매대학에서 실시되는 영어연수에 많은 재학생들이 참여하곤 하였다. 살아있는 영어교육을 위해 경제적으로 여유가 있다면 미국 현지 대학으로, 그렇지 않을 경우 비용이 비교적 저렴한 필리핀의 자매대학에서 진행되는 영어연수에 참가하는 붐이 일어나기도 하였다.

필자의 소속대학에도 필리핀의 자매대학인 필리핀 세부(Cebu)

에 소재하고 있는 사우스 웨스턴 대학(South Western University)에서 실시되는 영어연수 프로그램에 2005년 6월에 약 30여명을 지도교수와 함께 하계방학기간동안 파견했던 적이 있었다.

이 프로그램 세팅과 개강식을 위해 당시 국제교류 책임자였던 필자도 동행하여 며칠간 학생들 숙소에서 함께 투숙하였다. 연수프로그램은 한국학생들이 신속하게 적응할 수 있도록 취미활동이 포함된 교과과정과 현지 대학의 교수 및 직원들과 1대1 대화형식의 강의를 통해 자신감을 얻도록 독려하는 형식으로 진행하여 학생들이 즐겁게 참여할 수 있도록 프로그램을 운영하였다. 학생들이 연수프로그램에 적응할 수 있도록 현지 대학과 교과과정을 미세하게 조정한 후 며칠을 숙소에서 학생들과 함께 머물면서 필리핀 사회의 치안이 불안하다는 것을 직접 경험하게 되었다.

필자가 잠든 사이 자정이 조금 지나서 다른 층에 머물고 있었던 여학생 객실에서 나지막하게 도움요청의 소리가 들려 지체하지 않고 뛰어올라갔는데, 객실 문이 열려있는 방으로 강도가 들어와 학생들의 소지품을 강탈해 간 것이었다. 학생들은 잠에서 깨어 절도범을 발견하고도 두려워 소리를 지르지 못하고 그냥 숨을 죽이고 있었고, 절도범이 문밖으로 나간 다음 도움의 소리를 질러 필자가 들을 수 있었던 것이다. 그런데 도움의 소리를 듣자마자 객실 문을 열고 학생들의 객실로 향하는 순간 호텔입구의 경비원이 총에 실탄을 장전하는 소리가 들렸다. 학생들이 두려움에 떨고 있는 것을 확인한 직후 경비실로 내려가 사태를 파악한 결과 절도범은 이미 도망간 상태이고, 경비원은 실탄을 장전한 상태로 절도범을 따라갔지만 잡지 못하고 돌아온 상태라고 진술하였다. 학생들 객실에 다시 올라가 학생들을 안심시킨 다음 빼앗긴 계산기, 소형 카메라 등을 메모하여 인근 경찰서를 방문하

소총으로 무장한 경비원

여 강도 침입 사실과 빼앗긴 물품에 대한 서면지술 후 확인 서명을 받았다. 왜냐하면 향후에 보험으로 보상을 받기 위해서는 반드시 사건 경위에 대한 진술서에 경찰관계자의 확인 서명이 필요했기 때문이었다.

이 사건을 계기로 학생들의 안전과 치안에 대한 예방과 대처를 특별히 강조하고 먼저 귀국했던 경험이 있다. 이를 계기로 필리핀을 방문할 때마다 불안한 치안을 감안하여 시내의 안전한 곳에서 머물곤 하였다. 학생들이 당했던 필리핀 절도 사건현장의 상황을 돌이켜보면 확증된 것은 없으나, 심증으로는 호텔 경비원인 청원경찰과 내통되어 있을 것으로 추측되기도 하였다. 따라서 필리핀을 여행하는 독자 여러분께서는 항상 경계심을 갖고 숙소의 안전에 관심을 두어야하며, 소지품도 언제나 안전하게 몸에 품고 다닐 것을 권고한다.

가끔 뉴스를 통해 보도되는 것처럼 필리핀은 총기 소지가 가능한 국가이기 때문에 무장한 강도에 의해서 현지 교민이 피해를 당하는 경우도 있지 않는가? 이와 같은 이유로 경제적으로 부유한 가정이나 대단지 아파트의 경우 소총으로 무장한 청원경찰이 경계근무를 하고 있는 모습을 흔하게 목격할 수 있다.

또한 역으로 우리나라의 범죄자들이 필리핀에 잠입하여 거주하면서 현지의 갱단과 연계한 범죄도 종종 발생하기도 한다.

항공기 내의 금연

과거에는 항공을 이용한 여행이 흔하지 않았기 때문에 항공기 탑승에 대한 예절이나 일반적으로 지켜야 할 기내 규정 등을 중요하게 생각하지 않았다. 그러나 최근에는 항공 수요가 급증함에 따라 탑승시 준수해야 할 각종 규정 매너(Manner & Etiquette)가 일반화되고 있다.

특히 항공기를 이용한 여행은 안전이 제일 중요하고, 좁은 공간에서 장시간 앉아서 시간을 보내야하기 때문에 항공사마다 자체적으로 지켜야 할 기내 수칙을 중심으로 자발적 통제를 유도하고 있다. 자동차도 마찬가지겠지만 과거에는 기내에서 혹은 자동차에서 담배 피우는 것이 큰 문제가 되지 않았지만, 요즘에는 절대 금연을 원칙으로 하는 경우가 많다. 이와 같은 금연제도는 흡연자들이 장시간 기내에서 머물기란 퍽이나 어려울 것이다.

대학 학생들이 하계방학기간을 이용하여 영어연수를 위해 필리핀 세부에 소재한 유명대학과 연계하여 특별한 맞춤형 프로그램을 마련한 후 약 30여 명의 참가 학생들을 인솔하기 위해 필리핀 국적 퍼시픽 항공(Pacific Airlines)을 탑승하였다. 항공기가 이륙한 후 두 시간쯤 지났는데 기내에서 비상벨이 여러 번 울리는 것이었다. 특별한 관심을 두지 않고 그냥 자리에 앉아 있었으나 또 다시 비상벨이 울리고, 벨이 울리는 원인을 찾기 위해 기내 승무원이 분주하게 화장실 문을 열고 확인하고 있었다. 그런데 잠시 후에 기장이 안내방송을 통해 화장실에서 승객이 흡연을 하여 항공 규정을 위반하였다는 것이다. 너무나 궁금하여 기내 승무원에게 자초지종을 문의한 결과 인솔 학생 중 한 명이 화장실에서 담배를 피워 적발되었다는 것이다.

일반적으로 항공기가 운항하고 있는 동안에는 안전을 위해 기장에게 모든 권한이 주어져 있다. 따라서 기장은 위성항법 장치를 이용하여 필리핀 현지 경찰청에 무전으로 흡연한 승객을 연행하도록 조치했다고 한다. 인솔을 책임지고 있는 필자는 너무 당황스러워 객실승무원에게 선처를 해달라는 메시지를 기장에게 전해주길 요구하였으나, 이미 현지 경찰에 신고가 되었기 때문에 비행기가 착륙한 후 기장에게 직접 이야기하라고 하였다.

이윽고 비행기가 착륙한 후 계류장에 도착하였는데 출구에는 소총으로 무장한 경찰들이 흡연 당사자를 연행하기 위해 기다리고 있었다. 이 상황에서 승객이 모두 하기한 후 흡연했던 학생 당사자와 기장을 기내에서 만나 너그러운 선처를 간곡하게 부탁하였다. 기장은 처음에 완강하였지만, 반복적인 선처의 요구에 기장은 마지못해 연행을 하지 않도록 경찰관계자에게 지시하여 가까스로 풀려날 수 있었다. 그러나 이 과정에서 무장한 경찰을 출동시킨 경찰들이 갑작스런 기장의 선처에 반발하는 후유증이 발생하고 말았다.

기장이 전권을 갖고 있기 때문에 법적인 문제는 해결되었지만 책임자로서 다시 한 번 출동한 무장경찰들을 위로해야만 했다. 이 과정에서 항공기 탑승시 지켜야 할 규정과 매너를 절대로 무시해서는 안 된다는 귀중한 사실을 경험하게 되었다.

후일에 알게 된 사실이지만 기내 흡연으로 문제를 일으킨 학생은 흡연의 욕구를 이기지 못하고 화장실 내 변기에 얼굴을 대고 담배연기를 뿜었다고 한다. 그러나 화장실에도 천정에 연기감지기가 설치된 것을 잊고 있었던 탓에 정말 어이가 없는 상황이 발생한 것이었다.

04

풍차의 나라

네덜란드

Netherlands

잘사는 나라도 강도와 절도가 있는 법

우리나라의 경우 80년대까지도 봄이 되면 주식인 쌀이 떨어져 보리를 더 많이 섞어 밥을 지어 먹었다. 폐허가 된 국토의 전후 복구로 인해 모든 것을 새로 시작해야 하는 운명이었기에 공산품을 생산할 수 있는 공장이나 원자재 생산을 위한 공장들이 거의 없었기 때문에 생필품이 늘 부족하였고 청년들의 취업 자리도 변변치 않아 많은 젊은이들이 취업을 하지 못해 부모님과 함께 농촌에서 농사일을 거들면서 생활하였다.

이러한 어려운 환경을 극복하기 위해 필자는 대학을 졸업한 후 당시 해외개발공사를 통해 해외취업을 할 수 있는 기회가 주어졌다. 어린 시절부터 외국여행이 꿈이었던 필자에게는 더없는 영광이었다.

해외개발공사에서 해외파견 전에 실시하는 안전교육을 받은 후 그토록 바라던 여권을 발급받아 생애 첫번째로 비행기를 타고 김포공항을 이륙하는 순간 가슴이 뭉클하였다. 기내에서 휴가가 주어지면 평소에 상상하던 미국의 엠파이어스테이트 빌딩(Empire State Building : 당시 세계에서 가장 높은 빌딩)과 튤립(Tulip)의 나라 네덜란드도 방문하기로 계획을 세웠다.

당시 해외 기업들은 외국인 종업원에게 1년을 근무하면 30일의 휴가가 주어졌다. 1년을 무사히 근무한 후 휴가를 얻어 제일 먼저 초등학교 시절에 선생님으로부터 네덜란드는 국토의 25%가 바다보다 낮으며, 바닷물을 퍼 올리기 위해 풍차가 돌아가고 꽃들을 재배하여 전세계에 수출을 하는 아름다운 국가이자 선진국이라 배웠기 때문에 제일 먼저 방문하기로 하고 기대에 부풀어 암스테르담(Amsterdam)을 방문하였다.

프랑스 파리(Paris)에서 기차를 이용하여 암스테르담에 도착하였는데 생각한 대로 도로가 청결하였으며, 거인처럼 키 큰 사람들이 자전거를 타고 돌아다니는 모습과 시내 곳곳에 마련된 자전거 보관소의 수많은 자전거는 놀라울 정도였다. 또한 바다에 끝없이 줄지어 건설된 풍력발전기와 수로가 친환경 재생에너지를 생산하는 모범국가임을 확인할 수 있었다.

네덜란드는 총 면적 41,543km^2에 벨기에(Belgium)와 독일과 국경을 마주하고 있으나, 국토 면적의 20%가 사람이 살 수 없는 호수나 강을 합한 면적이고, 실제 육지 면적은 33,481km^2로 불과해 인접해 있는 벨기에보다 약간 넓은 수준이다. 그나마 7,000km^2는 간척사업으로 얻은 땅이다.

한편 국토의 25%가 해수면보다 낮은 탓에 세계에서 가장 낮은 땅으로 알려진 국가이며, 네덜란드라는 국명 자체가 낮은(Neder) 땅(Lands)의 의미라고 한다. 네덜란드에서 제일 높은 곳도 해발 321m에 불과하다. 네덜란드 땅은 사실 대부분 인공적으로 만들어진 것으로 큰 규모에 시간도 오래 걸리는 대공사 끝에 만들어졌으며, 유럽 대륙의 오염 물질이 모였다가 바다로 나가는 통로 역할로 인한 정화기술과 관련 환경 법규가 매우 발달하게 되었다고 한다.

필자는 어렸을 때부터 네덜란드가 국토의 형태나 역사적으로 특별한 국가로 인식되었기 때문에 기회가 주어진다면 네덜란드의 주요 도시를 여행하고 싶다는 생각을 평소에 갖고 있었다. 기대에 부풀었던 만큼 암스테르담 시내 호텔에서 머물면서 시내 관광을 하는데 많은 국가들이 인접하여 생활하고 있는 탓인지 유럽 각국의 사람들이 관광을 즐기고 있었다.

필자도 시내관광을 위해 도보로 시내를 걸어 다니며 관광을 위해 시내 중심부에 있는 기차역 주변을 걷고 있던 중에 갑자기 흑인 비슷한 청년*이 다가와 목에 칼을 들이대면서 어느 나라에서 왔는지를 묻는데 얼떨결에 일본에서 왔다고 했다(당시 유럽 사람들은 'Korea'가 어디에 위치한 국가인지를 잘 모르는 상태였다). 너무 당황한 나머지 칼을 내려놓으면 가지고 있는 미국 달러를 모두 주겠다고 하니 칼을 가두었다. 그런데 필자도 20대의 젊은 피가 끓고 있던 시절이라 냉정을 되찾은 후 순간적으로 방금 전 걸어오면서 한 블록(Block) 뒤에서 보았던 경찰 순찰차(Police Car)가 뇌리를 스쳤다. 무의식적으로 두 발자국 물러서면서 전력을 다해 뒤돌아 뛰었으나 흑인 청년이 쫓아오지 않았기 때문에 기차역 광장까지 뛰어 그 순간을 모면한 경험이 있다.

'아! 이 같은 선진국에도 강도가 있구나!' 이곳을 방문하기 전에는 가슴속 깊이 '네덜란드는 천국처럼 상상되었는데...' 시내 한 복판에서 강도를 만나다니 어이가 없었다. 이제까지 필자의 가슴에 품고 있던 아름다운 꽃의 나라이자 풍차의 나라, 그리고 깨끗한 나라의 이미지는 한 순간에 사라지고 말았다. 동방의 작고 가난한 나라 젊은이의 기대를 이렇게 뭉개버리고 말았다.

다시 정신을 차리고 기대는 져버렸어도 또 다른 문화를 경험하기 위해 작은 도시들을 관광하면서 선진국의 모습을 발견하기

---

* 대서양 연안에 있는 국가인 수리남(The Republic of Suriname)은 네덜란드가 통치하다 1975년에 독립한 나라로 식민지배로 인해 많은 수리남 사람들이 네덜란드 국적을 취득하여 잔존하고 있는 유색인종이다.

도 하였지만, 기분은 그리 좋지는 않았다. 이왕 네덜란드를 방문하였으니, 일제만행을 전세계에 알리기 위해 개최되었던 만국 평화회의에 참석한 이준열사의 흔적을 찾아 헤이그(Hague)의 작은 공원묘지를 방문하였다. 이준 열사가 안장되었던 공원묘지에는 묘비만 세워져 있었고 유골은 이미 한국으로 이장한 상태였다. 당시 공원묘지에서 가장 큰 규모로 추모 묘비가 세워져 있었는데, 헌화를 하면서 마음이 울컥하였다. 빼앗긴 나라를 찾기 위해 목숨을 아끼지 않았던 선열들을 기억하면서 더 분발하면서 살아야겠다는 다짐을 하게 되었다.

네덜란드 방문을 마치고 크루즈(Cruise)를 이용하여 영국 리버풀(Liverpool)을 방문하기 위해 가방을 꾸려 항구에서 출국수속을 받는 도중 또 한 차례 당황스런 사건이 필자를 기다리고 있었다. 네덜란드 항구의 출입국 여성 관리인(Officer)이 필자를 북한 공작원으로 의심하고 모든 짐을 샅샅이 뒤지고, 입고 있는 옷을 모두 벗겨 검사를 진행하는 동안 모멸을 당했던 모습은 오랜 세월이 지났지만 치욕스런 기억으로 남아 있다. 이것이 약소국가의 서러움인가. 이 순간 필자는 우리나라가 선진국처럼 국력을 키워 절대로 이와 같은 서러움을 당하지 않게 하리라고 굳게 다짐하면서 출국수속을 마쳤다.

생애 첫 관광국가로 선정하여 방문한 네덜란드에서 여러 번의 실망을 경험하면서 점차 선진국이라는 개념이 마음속에 재정립되면서 우리도 얼마든지 잘 살수 있다는 각오를 하게 되었고, 그 후 변화하는 모습을 보기 위해 세 번이나 다시 방문하게 되었는데, 당당히 선진국 대열에 오르고 국력이 커지면서 우리를 대하는 태도가 점점 긍정적으로 변화하는 것을 발견하게 되어 수십 년 전에 겪었던 쓰라린 경험이 무뎌지는 것을 스스로 확인하곤 하였다.

관광 서비스의 조건

네덜란드 인들은 유럽에서 외국어 구사능력이 대단한 것으로 유명하다. 보통 중등교육을 마치면 5개 국어(네덜란드어, 영어, 스페인어, 프랑스어, 독일어)를 능숙하게 구사할 수 있다고 한다. 실제로 네덜란드 암스테르담에 도착하여 현지인들과 대화할 때에 아무 문제없이 영어로 의사소통이 가능하였기 때문에 편안한 마음으로 관광할 수 있었다. 심지어는 택시기사도 5개 국어를 구사할 수 있기 때문에 외국 관광객을 안내하는데 특별한 문제가 없을 정도였다.

상술한 바와 같이 25%의 국토가 해수면보다 낮고 간척사업을 통해 오늘날의 국토가 존재하고 있기 때문에 각국 관광객들에게는 특별한 관심거리가 되었다. 비록 국토는 작지만 강력한 국력을 바탕으로 당당히 선진국의 역할을 감당하고 있다.

헤이그에는 유엔의 국제사법재판소가 유치되어 있으며, 국제사회에서도 적지 않은 역할을 담당하고 있다. 과거에도 해양국가로서 전세계에 여러 지역에 식민 국가를 운영했던 경험이 있지 않았던가?

우리나라보다 작은 면적의 베네룩스(Benelux) 3국(벨기에, 네덜란드, 룩셈부르크)을 여행하면서 작지만 일찍이 눈부신 발전으로 선진국이 된 경우를 확인하면서 우리나라도 세계에서 가장 부유하면서 강한 국력을 지닌 국가가 될 수 있다는 자부심과 함께 확신을 갖게 되었다.

네덜란드는 요즘 유럽의 중심국으로 전세계의 수많은 관광객이 찾을 정도로 관광 대국으로 발돋움하였다. 이와 같은 관광대국이 된 까닭은 바로 시민들의 언어구사능력에서 비롯되었을 것으로 추정된다. 또한 국민성이 대범하면서도 온순한 편이라 서비스 마인드(Service Mind)가 생활화 되어 있다.

과거에 필자가 방문했을 당시에는 'Korea'의 존재가 잘 알려지지 않아서 우리나라와 특별한 관계가 없었으나, 2002년 월드컵 팀의 수장이었던 히딩크(Guus Hiddink) 감독의 활약과 함께 월드컵(World Cup) 4강 진입을 계기로 우리나라의 존재가 네덜란드 전역에 알려져 지금은 극동지역의 강하고 아름다운 국가로 기억되고 있다고 한다.

국민성과 지리적 특성으로 인해 엄청난 관광객을 유치하고 있는 네덜란드 관광정책을 교훈삼아 우리나라도 극동의 작은 국가이지만 관광대국으로 성장할 수 있길 기원해 본다.

05

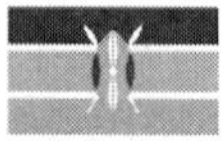

검 은 대 륙 의 케 냐

Republic of Kenya

순수한 국민성의 케냐

미국 제44대 대통령인 버락 오바마(Barack Hussein Obama)는 아버지와 할아버지가 케냐 출신으로 주요 부족 중 하나인 루오(Luo)족이었다. 특히 할아버지는 케냐의 독립투사로 활동하며 영국으로 부터 고문을 받았으나, 케냐에서는 미국 국적의 버락 오바마를 보면서 자부심을 느꼈다고 한다. 오바마도 재임 초기에는 미국 국내 사정으로 인해 케냐에는 특별히 관심을 두지 못했으나 재임 중기 이후로는 어느 정도 관심을 갖기 시작했고, 퇴임 후로는 케냐 내 정치문제 중재에 게을리 하지 않았다. 결과적으로 미국 내에서 케냐에 대한 관심이 급증해서 케냐에 대한 미국 기업들의 투자가 증가하는 효과를 거두었다고 한다.

케냐 아이들과 함께 공연관람

대부분의 아프리카(Africa) 국가가 그렇듯 케냐도 빈부의 격차가 심한 나라 중 하나이다. 2013년 6월에 수도인 나이로비(Nairobi)를 방문하였을 때 현지에서 선교활동을 하고 있는 선교사의 주선으로 세계 최대의 슬럼가(Slum) 중 하나로 알려진 코로고쵸(Korogocho)를 방문하여 아프리카의 실상을 몸소 체험할 수 있는 기회를 가질 수 있었다.

처음 방문한 슬럼가는 쓰레기로 가득한 마을로 차마 이런 곳에서 사람이 살 수 있을까 하는 의심이 들 정도로 열악한 환경에서 삶을 이어가고 있는 주인공들을 보고 놀라지 않을 수 없었다. 마치 산과 같이 쌓인 쓰레기더미와 그것을 뒤지며 생계를 유지하는 주민들을 보고 동시대에 태어나 너무나 다른 삶을 살고 있는 극과 극의 간극을 보는 것 같았다.

케냐 현지 안내원들

저녁이 되면 지방의 평범한 마을에는 전기 공급이 안 되어 저녁식사 이후 어두워지면 특별히 하는 것 없이 집안에서 잠자는 것뿐이었다.

아프리카 전통인 조혼이 성행하여 15세 이상이 되면 결혼하여 아이를 가질 수 있기 때문에 어린아이 같은 엄마가 갓난아이들을 업고 돌아다니는 모습이 너무나 인상적이었다.

초저녁에는 마치 검은 대륙처럼 보이기 때문에 무서울 정도였다. 시골마을에는 화장실조차도 없어 그냥 들판에서 대소변을 봐야 하는 상황으로 머무는 동안 너무나 고통스러웠다. 다행스럽게 현지 선교사로부터 추장 역할을 담당하는 사람의 안내로 안전에 대한 위험은 없었으나, 현지의 식수나 위생상태 등의 열악한 사정으로 겪게 되는 불편함은 오로지 극복해야만 했다.

그럼에도 불구하고 현지에 여행을 온 외국인들의 평가는 케냐는 부유한 환경은 아니지만 아프리카에서 내전이 없는 국가로 치안이 그나마 안전하다는 것이었다. 가난한 국가를 여행하면서 늘 느끼는 것은 비록 경제적으로 빈국일지라도 그들의 얼굴에서 풍기는 순수한 미소와 고운 마음씨는 경제부국보다 훨씬 아름다워 보였다.

열악한 환경에서 어린이들은 문화적 혜택과 정상적인 교육을 받지 못하는 경우가 허다하지만, 그들만의 지혜를 발휘하여 사랑을 실천하고 공동으로 살아가는 모습이 평화를 실천하는 공동체로 느껴지기도 했다.

과거에 선진국들이 아프리카를 식민지화 하여 각종 원자재를 본국으로 가져가고, 아프리카에는 특별한 공장을 설립하지 않았다고 한다. 아프리카의 식민지 국가에 공장을 설립하고 사회적

기반을 구축하면 지혜를 깨우쳐 자주독립의 욕구가 강해지는 것을 방지하여 지속적으로 식민국가로 만들 목적이었을까?

아프리카의 대학 방문

2013년 6월에 아프리카의 대학과 교류 및 유학생 유치를 목적으로 나이로비 국립대학(University of Nairobi)과 데이스터 대학(Daystar University)의 국제교류 관계자와 프로그램을 협의하기 위해 케냐의 수도 나이로비를 방문하게 되었다.

당시 University of Nairobi는 대표적인 케냐의 국립대학으로써 자매결연에 대한 협의를 진행하면서 간호학과, 임상병리학과, 치위생학과 등의 학과들을 대상으로 구체적인 프로그램을 협의하고 인적자원 교류도 진행하기로 협약서에 서명까지 하였으나, 안타깝게도 구체적인 협의 내용은 진행되지 못했다.

사실 나이로비 대학은 국립대학으로 케냐에서는 명성을 얻고 있었기 때문에 처음에는 한국의 지방대학과 교류를 망설였다. 그러나 케냐에서 선교단체와 별도의 프로그램을 진행하면서 머무는 동안 두 번을 더 방문하여 구체적인 협의와 설득의 결과 최종적으로 나이로비 대학 총장의 허락으로 프로그램 협정이 체결되었다.

케냐의 천진난만한 중학교 학생들

또한 Daystar University 국제교류 관계자와도 프로그램에 대한 협의를 하고 향후 대학 관계자가 구체적인 인적교류와 학술교류에 대한 구체적인 프로그램을 진행하기로 하였으나, 대학의 사정으로 인해 대학과의 협의 내용 역시 더 이상 진행되지 못했다.

가난한 국가인 탓인지 대부분 유학 희망생들은 상담과정에서 특별 장학금이나 장학재단과 연계된 유학을 원하고 있었기 때문에 재원 마련까지 고민해야 했었다. 그러나 학생들의 학문적 탐구를 위한 순수성만큼은 남다르다는 것을 느낄 수 있었다.

케냐는 적도상에 있는 아프리카 동부에 위치한 국가로서 공식 명칭은 케냐공화국이다. '케냐'라는 국명은 아프리카에서 킬리만자로(Kilimanjaro)에 이어 두번째로 높은 봉인 케냐 산에서 유래된 명칭으로 알려져 있다.

수도는 나이로비(Nairobi)이고, 인구는 5,570여명(2022년 기준), 국토면적은 한반도의 약 2.5배인 582,650㎢이다.

2013년도에 방문했을 당시에 아프리카 사하라 사막(Sahara Dessert) 이남에서 가장 고급호텔인 나이로비 파라다이스 호텔(Nairobi Paradise Hotel)이 우리나라의 파라다이스 호텔 설립자에 의해서 건설되어 운영되고 있었다. 호텔리어(Hotelier) 출신인 필자에게 매우 유익한 기회가 될 것 같아 기꺼이 귀국길에 그 호텔에서 머물면서 건축주인 한국인의 얼을 되새길 수 있었다. 나이로비 파라다이스 호텔은 빌딩 형식의 호텔이 아니고 휴양지(Resort) 개념의 숙소로 아름답게 건축되어 나름대로 최고급의 고객을 유치하고 있었기 때문에 무척이나 자랑스러웠다.

케냐 나이로비의 파라다이스 호텔

06

계급사회의 인도

India

계급이 존재하는 사회

인도하면 계급사회, 인구가 많은 나라, 힌두교, 소의 우상화 등이 떠올려졌는데 막상 인도를 방문해 보면 학교에서 배운 것과 차이가 있다는 것을 알게 된다.

종종 매스컴(Mass Communication)을 통해서 최근의 인도에 대한 정보를 접하면서 인도에 대한 다양한 정보를 숙지할 수 있었다. 경제적으로는 최빈국에 속할지 모르나 정치, 국방 측면에서는 강력한 힘을 가진 국가임에 틀림없다.

인도는 비동맹을 주도하고 제3세계를 대표하는 국가로 국제기구에서 발언권이 점점 강해지고 있으며, 중국에 이어 세계 두 번째로 인구가 많은 국가이다. 통계학자들의 분석에 의하면 2023년에는 중국의 인구를 추월하여 세계 제1의 인구 보유국이 될 것으로 전망하고 있다.

국토면적은 약 328만㎢, 한반도의 약 15배 정도의 크기로 반도 국가 중에서 가장 면적이 넓은 국가이다. 경제력은 2021년 기준 명목 GDP는 세계 6위, 구매력 평가 기준 GDP는 3위로 경제력이 가파르게 성장하고 있으나 엄청나게 많은 인구를 보유한 나라이기 때문에 빈부의 격차도 어느 나라보다 큰 것이 현실이다.

우리나라와는 우호적인 관계를 유지하고 있으며, 양국 간의 무역도 활발하게 이루어지고 있다. 특히 인도의 첸나이(Chennai)에는 현대자동차 공장이 설립되어 자동차를 현지에서 생산하고 있다.

기후변화 탓인지 모르겠으나 최근 지속되는 가뭄과 폭염으로 인해 물 부족이 심각한 국가로 전락하였고, 인도 정부는 물 부족으로 인한 어려움을 해결하기 위해 각고의 노력을 기울이고 있으나 아직 해결되지 않고 있다.

인구수가 많은 만큼 언어도 종족에 따라 약 2,000여 종의 언어가 다양하게 사용되고 있다고 한다. 따라서 지방마다 사용하는 언어가 다르고 글이 다르기 때문에 지식층이 아니면 소통하는데 많은 어려움이 따를 수밖에 없다.

과거에 해외에서 인도인들과 함께 근무했을 당시의 예를 들면 분명히 부부사이임에도 불구하고 인도 본국의 아내로부터 받은 편지를 남편이 해독하지 못해 동료들이 해독해 주는 어처구니없는 경우를 본적도 있다. 이와 같이 지방마다 사용하는 언어가 모두 달라 때로는 당황스러울 때도 있었다. 따라서 인도에서는 공용어로 힌디어(Hindi Language)와 영어를 채택하고 있으며, 대부분 중학교만 졸업해도 힌디어, 영어, 지방어 등 3개의 언어를 구사할 수 있다고 한다.

시골 가정의
부엌에서
맛있는 음식 준비

인도 북부지방 시골의 가족과 함께 담소를 나누며

과거 인도인들은 우리나라 양반 제도처럼 카스트 제도(Caste System)*라는 계급이 존재하였으나, 현대 사회의 구조와 동떨어졌다는 국제사회의 지적으로 인해 국민들의 자유를 보장한다는 취지로 1950년에 카스트 제도를 공식적으로 폐지하여 법적으로 평등한 사회를 표방하고 있다.

그러나 요즘에도 이와 같은 카스트제도에 의한 신분차별은 현실적으로 여전히 존재하고 있다. 인도 현지 지인의 말에 의하면 성씨만으로도 카스트 신분 계급으로 연결되어 있어 사회적으로 많은 제약을 받고 있는 실정이라고 한다.

---

* 인도 힌두교도의 특별한 신분제를 일컫는 것으로 인도에서는 바르나(Varna)라 부른다. '바르나'는 피부의 색깔이라는 의미로 인도의 인종에서 백인에 가까운 아리아인이 계급이 제일 높고, 피부색이 강한 드라비다계 인종이 계급이 낮았던 인종차별의 상징이기도 하다.

카스트 제도에는 4단계의 사회적 계급이 있는데 아리아인(Arian)들 중에 사제로서 브라만을 지배하는 사람이 가장 높은 계급인 브라만(Brahman), 귀족과 무사들의 크샤트리아(Ksatriya), 농민과 물건을 생산하는 사람들의 바이샤(Vaisya), 드라비다인(Dravidian)들의 천민이나 노예의 수드라(Sudra) 계급으로 구분된다. 이 계급은 자손 대대로 세습되어 평생토록 자신의 계급에서 벗어나지 못하고 다른 계급과는 결혼은 물론 식사도 함께 할 수 없는 제도이다.

필자와 특별한 관계로 한국에서 유학했던 수드라 계급의 한 인도학생의 예를 들면, 그는 한국에 유학을 위해 입국하기 전에 인도 본국에서 브라만 계급이었던 여학생과 사랑에 빠졌으나 이를 받아들이지 못하는 여자 친구의 부모로부터 결혼승낙을 받지 못하였다. 사랑하는 사이지만 이와 같은 인도의 비합리적인 사회계급으로 인해 결혼을 할 수 없는 상태로 한국에서 유학하는 동안 여자 친구를 손수 초청하여 함께 유학하면서 아이를 낳은 후 양가 부모의 승낙을 얻어 한국에서 결혼한 경우가 있었다. 한국에서 유학을 마치고 인도에 귀국하여 별도의 결혼식을 한 후 지금은 행복한 가정을 꾸리며 살고 있다.

이와 같이 현대 사회에서 전혀 어울리지 않는 제도로 인해 수많은 젊은이들의 자유를 억압하고 있는 현실이 안타깝다. 앞에서 서술한 바와 같이 급격한 경제적 성장과 국제적으로 정치적 힘이 강해지는 점을 고려할 때, 반드시 카스트 제도와 같은 사회계급은 근본적으로 없어져야 진정한 자유민주주의 국가로서 역할을 담당할 수 있을 것이다.

콜카타의 값진 경험

콜카타(Kolkata)는 과거 영국의 식민지 시절 인도의 수도였으며, 현재도 인도 제2의 도시이지만 델리(Deli)와는 많은 차이가 있다. 인도는 영국의 식민지 시절의 영향으로 사회적 시스템이 영국식을 따르는 경향이 있다. 그러나 폭발적인 인구 증가로 인해 경제적인 성장을 더디게 하고 있다. 콜카타에도 빈부의 격차가 심하고 빈민촌이 많아 사회적, 문화적 혜택과 거리가 먼 사람들이 어렵게 살아가고 있다.

이러한 이유로 인해 테레사 수녀(Saint Mother Teresa)는 빈민촌에서 인도의 가장 가난한 여인들이 입는 것과 동일한 거친 무명 사리를 착용하고 평민과 함께 어울렸다. 인도 빈민들을 위한 의료봉사를 위해 테레사 수녀가 맨 처음 한 일은 의료 기술을 배우는 것이었다. 기본적인 의료상식과 치료법을 알아야 가난하고 병든 사람들을 돌볼 수 있었기 때문이다.

무엇보다 가난을 벗어나기 위해서는 교육이 가장 중요하다고 생각했기 때문에 빈민촌으로 들어간 테레사 수녀는 가장 먼저 학교를 개관하고 교육에 전념하였다. 테레사 수녀가 콜카타 빈민촌의 가난한 사람들을 돌본다는 소문이 널리 퍼지면서 수녀가 개관한 학교에는 아이들이 점점 늘어났으며, 테레사 수녀의 종교와는 무관하게 많은 사람들이 테레사 수녀와 함께 봉사를 하겠다고 지원하였고, 장기간 머물면서 테레사 수녀의 일을 도와주었다고 한다.

테레사 수녀가 봉사활동 하던 장소

테레사 수녀는 콜카타에서 버려진 어린이와 환자, 죽어가는 사람들을 위해 50년 넘게 봉사하다 1997년 87세의 나이로 콜카타에서 숨을 거두었다.

필자가 2009년 6월 콜카타를 방문하여 도시의 환경이나 위생상태를 체험한 결과 '왜 테레사 수녀께서 이곳에서 정착하면서 평생을 봉사했는가?'에 대한 의문이 풀렸다.

콜카타 시내를 돌아보면서 느낀 첫 인상은 도시 전체가 쓰레기가 널려있어 탁한 공기는 물론 위생 상태가 불량한 도시였다. 물론 현지에서 살아가는 사람들은 이미 적응된 환경이기 때문에 특별한 어려움 없이 살아가고 있는지 모르겠으나, 이는 외부인으로서 느끼는 솔직한 감정이었다.

당시 콜카타에는 빈민들을 지원하기 위한 목적 또는 선교활동을 위해 다양한 국가에서 관계자들이 파견되어 주민들을 돕고 있었다. 필자도 한국에서 파견된 선교사의 도움으로 선교활동 현장과 테레사 수녀가 봉사하였던 곳을 견학하면서 인도의 문화와 전통은 물론 살아가는 방식을 체험할 수 있었다. 콜카타에서 머무는 동안 동행했던 선교사는 이동수단으로 자동차를 이용하여 현지 기사가 운전하면서 여러 곳의 봉사 현장을 함께 방문하였다. 그런데 운행거리가 짧았음에도 불구하고 자동차에 가득 채운 자동차 연료가 사라지기도 하였다. 자동차 연료를 중개인에게 팔아 현금화하는 것으로 생각되었으나 선교사는 직접적으로 기사에게 따지지 않고 다시 연료를 보충하는 모습을 목격하고 마음이 아팠다.

콜카타 시내 호수의 세탁과 목욕

시내관광을 위해 숙소 주변 작은 규모의 호수를 방문하게 되었는데, 정말 깜짝 놀라게 하는 상황이 눈에 들어왔다. 젊은 여인이 호숫가에서 손으로 비누를 사용하여 세탁을 하고 있었고, 바로 옆에는 어린 여자아이가 옷을 착용한 채로 비눗물이 둥둥 떠 있는 물속으로 들어가 목욕을 하고 있었으며, 어떤 사람은 바로 옆에서 식수통에 물을 담고 있는 것이었다. 또 아이들은 이곳에서 채수한 것으로 커피를 끓여 이방인인 필자에게 권하였지만 배탈이 나서 식사를 못한다는 핑계를 대고 정중하게 커피를 사양했다. 순간 현지인들은 이와 같은 물에 적응되어 배탈이 나지 않겠지만 현지인이 권하는 커피를 마시면 곧바로 장염이 걸릴 것 같았기 때문이었다.

그러나 오늘날 중국 다음으로 세계에서 가장 많은 인구를 보유하고 있는 인도는 핵무기와 함께 막강한 국방력을 가진 대국으로 국제사회에서도 결코 무시당하지 않는 국가로 성장하였다. 현재는 개발도상국으로 남아있지만 아마도 경제적으로 성장이 지속된다면 가까운 미래에는 선진국 대열에 당당한 모습으로 나타나게 될 것이다.

07

네팔에서 배운 지혜

Nepal

세계 최고봉 네팔

네팔(Nepal)은 우리나라 산악인들이 세계 최고봉을 정복하기 위해 자주 찾는 국가로 히말라야(Himalaya) 산맥과 함께 인도와 중국 티베트(Tibet) 자치구 사이에 위치한 나라이다.

네팔의 수도인 카트만두(Kathmandu)는 네팔에서 가장 큰 도시로 특이한 지리적, 종교적, 문화적 배경을 가지고 있다. 북부 산악지대는 에베레스트 산(Mountain Everest)을 비롯하여 세계에서 가장 높은 10대 산 중 8개의 산봉우리가 분포해있다.

비옥하고 습한 남부는 매우 도시화되어 있으며, 인구의 약 87%는 힌두교(Hinduism)를 믿고 있다. 흔히들 불교의 성지가 인도 내에 있는 것으로 알고 있으나, 사실은 티베트 불교를 중심으로 다수의 불교 사원이 여기에 있으며 석가모니의 탄생지가 네팔의 룸비니(Lumbini)에 소재하고 있다.

국민의 주류는 인도계라서 동아시아인의 눈으로는 인도인과 비슷하며, 인도계가 대략 70% 이상이고 티베트계가 약 20%이며 수많은 민족들이 혼재하고 있고, 인종도 다양해서 피부색 또한 다양하다. 면적은 남한의 약1.5배나 되고 중국이나 인도 같은 넓은 국토를 가진 국가들 사이에 위치하고 있다.

그러나 바다가 없는 내륙 국가이기 때문에 모든 물류가 육상을 통해 이동되므로 물류비용이 많이 든다는 단점을 갖고 있다.

필자는 산을 좋아한 탓인지 2000년대 초에는 네팔의 제2의 도시인 포카라(Pokhara)를 방문하여 안나푸르나 산(Mountain Annapurna) 정상이 보이는 곳에서 3년 연속 해맞이 행사에 참여한 경험이 있다.

해마다 1월 1일 새벽에는 히말라야 산봉우리들 위에서 떠오르는 해맞이를 위해 세계 각지의 수많은 사람들이 모여든다. 안나푸르나 정상은 아닐지라도 베이스캠프(Base Camp)까지 만이라도 트래킹(Tracking)을 해 보리라 마음먹었으나, 안타깝게도 여러 가지 개인적 사정으로 인해 실현시키지 못하고 있다. 그러나 정상 정복을 위해 도전하는 전문 산악인들과 이들을 보조하는 현지의 짐꾼들을 보면서 정상정복이 얼마나 고통스럽고 힘든 과정인지 몸소 느낄 수 있었다.

네팔은 히말라야(Himalaya) 산맥과 외국인 노동자가 국민을 먹여 살리는 나라라고 해도 지나친 표현이 아닐 것이다. 네팔은 인구가 3천만 여명으로 고산지대에는 사람이 살만한 땅이 별로 없다는 걸 생각하면 인구가 상당히 많은 편이나, 네팔의 1인당 GDP는 약 1,200달러(2021년 기준)로 최빈국이다. 따라서 도시의 기반구축이 열악한 상태이며, 특히 산악지형이 대부분이기 때문에 도로망이 턱없이 부족하여 수도인 카트만두에서 제2의 도시 포카라까지 약 200㎞ 밖에 안 되는데도 불구하고 버스나 승용차로 8시간 정도 걸린 적도 있었다. 이동하는 도중에도 도로 상태가 불량하여 아찔한 곡예운전을 하면서 이동해야 했다.

또한 전력이 부족하여 하루에도 수시로 정전되어 생활하는데 불편하기 짝이 없을 것 같은데 정작 현지인들은 정전이 되어도 아무 일 없다는 듯이 특별한 불평 없이 생활하고 있는 모습이 우리나라와 너무 대조적이었다.

상술한 바와 같이 대부분의 젊은이들이 히말라야 산 정상정복을 보조하는 짐 운반과 안내를 담당하는 셰르파(Sherpa)의 수입과 해외에 파견되어 노동을 제공하고 벌어들인 외화가 경제의 원동력이 되고 있으나, 자국의 산업화는 뒤처져 있다.

국내총생산액을 비교하였을 때 최빈국으로, 선진국으로부터 원조를 받아 산악 발전시스템을 구축하고 농촌의 농가 개량작업 등을 진행하고 있는 국가이기도 하다.

네팔이라는 국가를 10여 회 방문하면서 네팔을 사랑하게 되었고 왠지 네팔을 방문할 땐 시골 고향의 내음이 물씬 풍기는 듯하다. 네팔을 사랑하기 때문에 세계 최빈국으로 머물러 있는 이유를 필자가 느낀 그대로 표현해 보고자 한다.

네팔이 최빈국으로 전락하게 된 이유를 몇 가지로 열거한다면, 첫째, 바다가 없는 내륙 산악지형의 국가이기 때문에 산업화에 많은 장애 요인이 되고 있다. 둘째, 선진국으로부터 많은 원조를 받고 있는 이유로 타성에 젖어 있다. 셋째, 국가 지도자들의 리더십(Leadership) 부재가 큰 원인일 것이다.

시골마을의 가정집

산악지형의 특수한 환경을 극복하기 위해 우리나라에서도 '새마을 정신'을 안착시키기 위해 적지 않은 원조를 해 오고 있다. 과거 우리나라의 '새마을 정신'을 이식하기 위해 농촌에 도로건설을 지원하고 1가구 1 화장실 갖기 운동도 전개하고 있었으며, 시골의 어린이를 위한 학교 건물건축, 교육을 위한 기자재 등을 지원하고 있었다. 또한 민간 차원에서도 많은 지원을 아끼지 않고 있으며, 기업에서도 전력생산을 위한 산악 계곡의 댐(Dam) 건설도 지원하였다.

그러나 이러한 지원은 단기적인 삶을 위한 방식으로서 네팔을 최빈국으로부터 탈출시킬 수 없음을 깨달았다. 근본적으로 국민들이 스스로 '새마을 운동'에 적극적으로 참여하고 산업화를 통한 각종 공장 설립 등이 우선되어야 될 것으로 생각된다. 물론 문화적, 종교적인 차이 등으로 인해 개발도상국처럼 빠른 성장은 기대하기 어렵지만 물품이나 자재 지원보다 스스로 해결할 수 있는 교육이나 기술을 지원하는 편이 훨씬 바람직할 것으로 생각된다.

시골 새마을 운동의 첫번째 화장실

하늘과 가장 가까운 히말라야 산맥

지구촌에 있는 해발 8,000m 이상의 산봉우리 14개 중 8개가 네팔에 위치해 있기 때문에 전세계 산악인들이 정상정복을 위해 혹독한 훈련을 마치고 네팔의 히말라야 산맥에 속해 있는 산봉우리들을 정복하기 위해 모여든다. 그러나 8,000m 이상의 높은 산 정상을 정복하는 과정에서 적지 않은 난관에 봉착하기도 하고, 예상하지 못했던 기후변화 등으로 인해 사고를 당하기도 한다.

물론 필자는 정상등정에 도전장조차도 내밀지 못했지만 먼 정상의 봉우리들을 바라보면서 위대한 자연의 섭리를 깨닫게 되고 겸손해 지기도 한다. 남들이 도전하는 세계에서 가장 높은 히말

경비행기에서 바라본 에베레스트 정상

안나푸르나 정상의
해돋이

라야 산맥의 에베레스트 정상(8,848m)을 손수 등정할 수는 없었지만, 정상이 도대체 어떤 곳인지 궁금한 나머지 제3의 힘이라도 빌려 정상의 모습을 관망하고 싶었다. 따라서 경비행기를 이용하여 에베레스트 정상을 손수 관망하기로 하고 경비행기에 탑승하여 세계 최고봉으로 향했다.

필자는 특별히 기장의 옆에 앉아 기장의 설명을 경청하며 이동할 수 있었다. 그런데 저 멀리 보이는 에베레스트 산 정상이 구름위에 떠있어 마치 바다위의 작은 섬처럼 보였다. 정상 봉우리 주변에 도착하여 직접 바라본 에베레스트 정상은 식물이 자랄 수 없는 만년설의 옷을 입고 있는 바위산으로만 느껴졌다. '저 봉우리를 정복하는 과정에서 수많은 산악인들이 목숨을 잃고 아직도 그 시신조차 찾지 못한 경우도 있지 않는가?' 정상을 등정하는 산악인 중 약 5.7%가 사망한다는 통계는 심장을 싸늘하게 한다.

그러나 전세계의 많은 산악인들이 세계 최고봉을 정복하기 위해 도전하기 때문에 부작용도 한계에 도달하고 있다고 한다. 해발 8,100m에서 8,600m 사이에는 목숨을 잃은 시신들이 200여 구나 버려져 있으며, 각종 산소호흡을 위한 장비, 등산장비 등의 쓰레기가 널려 있어 산악인들의 눈살을 찌푸리게 하고 있다고 한다. 또한 생사를 다투는 도전이기 때문에 가끔 국적이 다른 대원들끼리 폭력이 발생하고, 셰르파와 대원들 간의 갈등으로 인한 싸움도 발생하기도 한단다.

이처럼 에베레스트 정상을 도전하는 산악인들의 수요가 늘어나는 만큼 네팔 정부에서는 산악쓰레기 청소 명목으로 입산비용을 대폭 인상하고 입산 자격도 강화하고 있다.

산악인들의 무분별한 정상 도전과 자연 앞에서 한없이 겸손해야 하는 인간들이 자연의 평범한 진리를 잊은 채 정상 정복을 위한 행위를 계속한다면 후대에는 자연의 섭리를 배반한 만큼 대가를 치러야 할 것이다.

'자연은 거짓말을 하지 않는다.'

'자연은 배반하지 않는다.'

'자연은 늘 베푸는 존재이다.'

라는 지극히 평범한 진리를 기억해야 할 것이다.

이와 같이 히말라야 산맥의 높은 산봉우리들의 아름다움에 매료되어 2013년부터 3년 연속 안나푸르나 정상을 가까이에서 볼 수 있는 포카라를 방문하여 해맞이를 경험하면서 자연 앞에 겸손해야 한다는 진리를 깨닫게 되었다.

천국의 길

네팔의 수도 카트만두에는 특별한 관광지가 있다. 시내를 관통하는 작은 실개천에는 힌두교 의식에 따라 사망한 자들을 화장하고 장례를 치루는 곳이 있는데 처음에는 문화적 충격으로 두통을 느낄 정도였으나, 몇 차례의 반복된 방문으로 네팔 전통의 장례의식은 단지 우리의 장례문화와 다르다는 것을 받아들일 수 있었다.

이곳의 실개천에서는 여러 곳의 시신화장장이 설치되어 있는데 모든 곳이 개방된 상태에서 시신위에 나무 장작을 쌓은 후 화장하고 타다 남은 장작과 숯은 바로 옆 실개천의 흐르는 물에 던진다. 그리고 시신을 화장하는 동안에는 가족친지 관계자들이 모여 죽은 자의 영면을 기원하는 듯 삼삼오오 모여 이야기를 나누고 있다. 그 내막은 잘 모르겠으나 죽음을 슬퍼하기 보다는 아마도 죽은 자가 천국으로 갈 수 있도록 빌고 있지 않을까 생각된다.

우리나라의 경우는 화장하는 동안 냄새나 연기 등의 공해가 발생하지 않도록 최첨단 시설에서 시신 화장이 진행될지라도 주변의 거주민들로부터 특별 감시를 받고 있는 실정이지만, 이곳 카트만두의 화장장터는 연기와 냄새가 그대로 노출되고 있어도 주변 주민들의 민원이 없는 것은 분명히 종교와 문화적인 이해 외에는 존재하지 않는 것 같다.

처음 이곳을 방문했을 때에는 종교적, 문화적 이해가 부족했던 터라 특별히 제작된 마스크(Mask)를 착용했음에도 불구하고 화

카트만두 화장장

장장에서 발원된 화장 냄새와 연기가 토할 듯이 역겨웠으며, 이러한 현상은 며칠 동안 지속되었다.

그러나 모든 것이 종교와 문화가 다름에서 발생되는 현상으로 인식의 차이가 그와 같은 부작용을 초래했다는 아주 평범한 원리를 깨닫게 되었다. 아마 그들은 단지 죽은 자가 천국에서 또 다른 삶을 영위할 수 있도록 특별한 의식을 치루는 오랜 전통의 하나일 뿐일 것이다.

필자의 경험에 의하면 지구촌에 존재하는 국가들을 방문할 때에는 전해 내려오는 전통과 종교 그리고 문화를 발견하고 실제로 존재하고 있는 그대로를 받아들이는 것이 여행의 목적이 아닐까 생각한다.

계곡의 출렁다리

네팔은 히말라야 산맥이 남동쪽으로 뻗어있는 산악지형으로 도로 건설의 기반을 갖추는데 많은 어려움이 있을 뿐만 아니라, 경제적 사정이 넉넉하지 않기 때문에 도로가 절대적으로 부족한 상태이다. 그런데 산악지대에는 작물을 재배하고 농사로 생계를 이어가는 사람이 대부분이다.

네팔의 계단식 논

이러한 산악지대 계곡에는 도로가 거의 없고 계곡과 계곡 사이를 잇는 구름다리(출렁다리)가 이용되고 있었다. 따라서 산악지대의 주민들은 출렁다리를 이용하여 각종 생필품 등을 운반하기도 한다. 게다가 어떤 지역에서는 한국의 짚라인(Zip Line) 같은 철선을 이용하여 계곡으로 흐르는 물 위로 사람은 물론이고 가축이나 농작물을 이동하는 아찔한 광경을 목격할 수도 있다. 특히 여성들이 외줄을 이용하여 각종 물건을 이동하는 모습은 위험하기도 하였지만 매우 인상적이었다.

현지 관계자들의 전언에 의하면 이와 같은 이동 수단마저도 대부분 외국의 원조로 설치되고 있다고 한다.

경제상황이 허락되면 산악지대의 만년설이 녹아 계곡으로 흐르는 물을 막아 소형 댐을 건설하여 부족한 전기를 생산하는 것이 바람직할 것으로 생각되었다.

석가모니의 탄생지

필자는 불교 신자는 아니지만 석가모니(Sakyamuni)가 인도에서 태어났다고 배웠기 때문에 정확한 탄생지는 모르지만 단지 인도 국으로 알고 있었다. 또한 주변의 대부분 사람들은 물론이고 심지어 불교인들조차도 석가모니의 탄생지가 인도라는 것을 당연시하였다.

그러나 네팔의 전국 각지를 여행하면서 우연히 알게 된 사실은 석가모니의 탄생지가 인도가 아니라, 석가모니가 태어나고 가족이 거주하던 지역이 바로 네팔과 인도의 국경 부근에 위치한 룸비니(Lumbini)라는 것을 인지하였다.

인도와 국경을 접하고 있는 룸비니를 방문하였을 때, 현지인으로부터 불교 성지인 석가모니 탄생지에 전세계의 불교인들이 찾는 곳이 바로 룸비니라는 설명을 듣고 지금까지 알고 있던 사실과 다르다는 이야기를 듣고 순간적으로 당황하지 않을 수 없었다. 따라서 룸비니 국제사원지구에 소재하고 있는 석가모니 탄생지를 엄숙한 마음으로 방문하게 되었는데, 방문 전에는 불교에 대한 사전지식이 거의 없는 상태에서 불교의 4대성지*의 하나인 룸비니 성전을 마치 이슬람의 성지 메카를 상기시키면서 거대한 규모의 성지를 상상하였다.

그러나 방문지의 규모나 보존상태, 관리 상태를 고려해 볼 때 불교의 성지라는 분위기를 느끼지 못하고 생각보다 자연 상태로 보존되고 있었다. 만약 네팔이 경제적으로 부국이었다면 석가모니 탄생지를 엄청난 규모의 현대식 공원으로 조성하여 관리하였을 것이다.

성지의 방문은 철저하게 통제되어 맨발로 탄생한 곳을 비롯하여 여러 곳을 견학하면서 불교에 대한 기초지식을 쌓을 수 있었다.

룸비니 국제 사원지구에는 높이 42m의 대웅전이 황룡사 9층탑을 모델로 한국의 대성석가사가 건립되어 있는데, 여기에는 숙

---

* 불교 4대 성지 ① 룸비니(Lumbini) : 석가모니 탄생지, ② 부다가야(Budaha Gaya) : 석가모니가 깨달음을 얻은 곳, ③ 녹야원(Sarnath) : 석가모니가 자신과 함께 고행하였던 5명의 수행자에게 처음으로 설법한 곳, ④ 쿠시나가르(Kushinagar) : 석가모니가 입적한 곳

박시설이 있어 외국인 순례 객들에게도 숙박 시설을 제공하고 있었다.

이곳에서 수행하고 있는 한국 승려 한 분을 만날 수 있었다. 그 승려의 전언에 의하면 대부분 불교신자들에게도 성지인 이곳이 인도로 잘 못 알려져 있었으나, 최근에는 한국 불교계의 홍보로 인해 정기적으로 불교 성지순례 관광도 이루어지고 있다고 한다.

특별한 관심을 갖고 석가모니의 탄생에 관한 내용을 현지 대학의 교수로부터 자세하게 들을 수 있어 머릿속의 지식을 바로잡을 수 있었다. 그 후 불자들을 만날 때마다 룸비니가 인도가 아니라 네팔이라는 사실을 알려주면서 룸비니 현지의 상황을 설명해 주기도 하였다.

석가모니가 태어난
자리에 지은
마야데비(Mayadevi) 사원의
룸비니 승려와 함께

룸비니 국제 사원지구에 있는 한국의 대성석가사 대웅전

사실 한국의 중등교과서에서는 2013년까지도 석가모니의 탄생지인 룸비니가 인도로 잘 못 표기되고 있었으나, 당시 쿠말 프라딥 코이랄라(Pradip Kumar Koirala) 주한 네팔 대사가 한국정부에 문제를 제기하여 교육과학기술부의 심의를 거쳐 룸비니를 네팔로 정정하였다고 한다.

당시 주한 네팔 대사는 인도가 영국의 식민 지배를 받을 당시 영국의 어느 작가가 석가모니 출생지를 인도로 잘못 기술한 것이 다른 나라에서도 아직까지 잘 못 전해지고 있다고 지적했다.**

석가모니 탄생지는 인도 접경지대로 인도와 네팔 간 아무 제재를 받지 않고 왕래가 가능한 곳이기 때문에 양국 간의 문화와 전통의 차이점을 눈으로 확인하기 위해 룸비니를 방문하였던 것이다. 신기하게도 국경에는 인도와 네팔 인들이 비자발급 없이

** 제주불교신문(http://www.jejubulgyo.com)

국경 마을을 왕래하면서 재래시장에서 자국의 상품을 판매하는 모습을 지켜보면서 엄청난 인구를 보유하고 있는 인도의 힘을 확인할 수 있었다.

이처럼 월경을 할 때 외국인들은 통제를 받는데, 특히 한국인들은 피부색이 네팔인보다 비교적 흰 편이기 때문에 인도 출입국관리인들로부터 제재를 받아 월경이 불가능하였다. 그러나 야간에는 외모로 국적 확인이 곤란할 것으로 판단되어 야간을 이용하여 월경하여 인도 인근마을의 도로변 상인과 네팔의 방문객들로 인산인해를 이루며 활기차게 거래되는 현장을 직접 볼 수 있었다.

네팔과 인도 양국 간의 국경 수비대 업무교대식과 국기계양식이 성대하게 치러지는 광경을 목격하게 되었는데, 현지 관계자들의 전언에 의하면 국력을 과시하기 위해 수비대의 국기게양식과 하기식이 필요 이상으로 성대하게 진행된다고 하였다. 그로 인해 양국을 방문한 관광객들에게 볼거리가 되고 있다고 한다.

양국의 수비대 복장도 무척이나 화려하여 의식행사 관람이 너무 즐거웠던 기억이 난다.

한류의 상륙

네팔은 내륙 국가이면서 세계 최고봉들이 우뚝 솟은 산봉우리를 보유한 국가이기 때문에 많은 산악인들, 종교단체나 민간단체들의 지원으로 인해 우리나라에는 낯설지 않은 나라이다. 과거 수많은 산악인들이 에베레스트 정상을 비롯한 해발 8,000m 이상의 산을 정복하는 과정에서 희생자가가 발생하기도 하였지만 지속되는 도전으로 2001년 박영석(1963~2011) 대장, 김창호 대장(1969~2018)을 비롯하여 많은 산악인들이 히말라야 산맥의 해발 8,000m 이상의 14개 봉우리를 모두 완등한 영웅들이 등장하였다.

다른 개발도상국가와 마찬가지로 네팔도 예외 없이 우리나라의 한류가 전파되어 많은 젊은이들이 한국을 동경하며, 한국의 문화와 교육시스템에 많은 관심을 가지고 있었다. 이와 같은 여러 분야의 접촉과 지원으로 인해 우리나라 문화와 국민정서가 네팔에 이식되면서 자연스럽게 한류가 전파되기 시작하였다. 이를 계기로 대부분의 정치인이나 젊은이들이 친한파가 되어 한국으로의 유학을 통해 한국을 배우는데 게을리 하지 않았다.

과거 우리나라도 한국전쟁 직후 폐허가 된 국토를 개발하기 위해 전 국민이 허리띠를 졸라매고 경제부흥을 위해 노력한 결과를 네팔 국민들은 잘 알고 있기 때문일 것이다.

네팔인들은 세계의 전례 없이 단기간에 경제개발도상국에서 선진국의 문턱에 도달한 국민성을 배우기 위한 목적으로 한국을 찾기 시작했다. 경제부흥의 초석이 되었던 박정희 전 대통령의 새마을 정신을 네팔에 이식하고자 한국정부는 네팔의 지도자들을 초청하여 특별 교육을 시키고, 현대적 시설로 변모한 현장견학으로 네팔 지도자들의 도전의식을 일깨우기도 하였다.

이와 같은 한국정부의 노력으로 네팔의 일부 농촌지역에 새마을 정신이 이식되어 젊은이들을 중심으로 농촌 현대화에 앞장서고 있다. 그러나 오랜 전통이 깊이 뿌리박고 있는 탓인지 아니면 지나치게 의존적인 국민성 탓인지 생각만큼 빠르게 전파되지 못하고 있는 것이 안타까울 뿐이었다.

한류 영향으로 한국 유학시장이 활기를 띠고 있는 가운데 2009년 11월에 국립국제교육원 주관으로 한국유학박람회 개최가 성황리에 진행되었다. 이 자리에는 주 네팔대사를 비롯하여 대사관 관계자 그리고 현지 고등학교 관계자 및 학생들이 참가하여 참가 대학의 상담 데스크마다 유학 희망자들로 문전성시를 이루었다.

박람회를 마치고 국립국제교육원 주관으로 대학 관계자들과 주 네팔대사관 관계자의 만찬에 초청되어 간담회가 실시되었다. 박람회에서 많은 유학 희망자들을 상담을 통해 네팔의 유학시장이 희망적이라는 참가 대학의 긍정적 평가에도 불구하고, 당시 주 네팔한국대사관 관계자는 네팔 유학시장의 부정적인 견해를 피력하여 현지에서 몸소 유학열기를 체험한 대학 참가자들을 당황시키기도 하였다.

후일에 인지한 사실이지만, 당시 주 네팔대사관에서는 네팔의 경제력이나 국민성을 고려해 볼 때 한국유학이 생각만큼 용이하지 않다는 판단으로 네팔의 유학시장에 부정적인 견해를 피력했던 것이었다. 그러나 일부 대학들은 네팔 유학박람회를 계기로 많은 유학생을 유치할 수 있었으며, 양국의 대학 간 교류가 활발하게 진행된 결과 현재 많은 네팔 젊은이들이 한국에 입국하여 유학하고 있다.

또한 한국 농촌의 부족한 계절성 노동자와 중소기업의 부족한 노동력을 채우기 위해 네팔 근로자들이 한국정부가 주관하는 비자 발급을 위한 행정절차를 거쳐 노동비자를 발급받아 국내에서 소중한 노동력을 제공하고 있다.

그러나 최근 코로나19(COVID 19)로 인해 잠정적으로 네팔 국적 체류자 수가 감소한 상태이지만 향후 점점 늘어날 것으로 전망된다.

유학설명회에 참석한 학생들

북한 식당의 가라오케 체험

북한과 친교를 맺고 있는 국가에는 어김없이 외화벌이를 위해 주요도시에 북한 식당이 진출하여 운영되고 있기 마련이다. 개인적으로 북한 식당의 음식과 서비스를 좋아하기 때문에 2009년 지인과 함께 저녁식사를 위해 네팔의 수도 카트만두에 소재하고 있는 북한식당을 방문한 적이 있다.

외국을 방문할 때마다 북한식당이 있으면 북한 음식을 먹으면서 북한 여성들이 펼치는 공연도 관람할 목적으로 북한 식당 이용을 선호하였다. 이미 중국이나 몽골 등의 북한 식당에서 음식맛이나 공연, 서비스 및 운영관리 시스템에 익숙해 있던 터라 카트만두에서도 유사한 서비스가 제공될 것이라는 기대와 함께 북한 식당을 찾았는데, 카트만두 북한 식당은 이상하게도 종업원들이 개방적이었고 식당에 가라오케(Karaoke) 시설이 있어 식사 후에 가요를 즐길 수 있는 식당이었다. 아마도 자주 찾는 한국인들의 취향을 고려하여 가라오케 시설이 준비된 듯하였다.

여느 때와 마찬가지로 평양 물김치를 특별히 좋아했기 때문에 북한 여성 종업원에게 '북조선 조국에서 공수한 평양 물김치를 추가로 주문할 수 있습니까?'라고 물었는데 의외로 민감한 반응을 보이며 '평소에 그런 농담을 자주하십네까?'라고 되물어 당황한 경험도 있었다.

카트만두 북한 식당

어쨌든 주문한 음식을 모두 먹고 종업원들의 공연을 마친 후 가라오케를 주문하였는데, 가라오케 부스(Booth)에는 반드시 2명의 종업원이 동반하여 들어가는 것이 식당의 규정이라고 하였다. 물론 2명의 서비스에 대한 가격은 그리 비싸지는 않았던 것으로 기억된다. 나중에 현지 지인을 통해 들은 바에 의하면 1명의 여종업원이 가라오케 부스에 손님과 함께 들어갔을 때 혹시나 발생하게 될 불미스런 상황을 사전에 방지하고 손님과의 비밀이나 은밀한 대화를 방지하기 위한 목적으로 반드시 2명의 종업원이 함께 서비스를 제공한다고 한다.

가라오케 부스에서 식당 종업원의 가요 선택이나 음향 서비스를 제공하고 있는 동안 식당 계산대에서는 남성 고위관리자는 여성 종업원들을 감시를 하고 있다는 것이다. 그러나 북한식당의 종업원들은 빈번하게 한국 손님을 대상으로 서비스를 제공하면서 대화를 할 수밖에 없기 때문에 대한민국의 경제력과 국력을 자연스럽게 파악할 수 있는 계기가 되었을 것이다.

이와 같은 부작용으로 인해 2016년 4월에 중국의 북한 국적 류경식당 종업원 13명이 관리자와 함께 집단 탈출하여 국내 입국한 적이 있지 않은가?
이때에도 북한 당국은 남한의 국정원이 종업원을 납치했다는 누명을 씌우며 북한 가족을 TV에 등장시켜 절대로 탈북할 상황이 아니고, 남한이 강제로 납치했다며 분을 참지 못하는 상황을 방영하기도 하였다. 그러나 UN인권조사에서도 자진 탈북이라는 결론을 내리고 남한에 정착한 상태이다.
네팔을 사랑하는 사람으로서 개인적으로 네팔 전국을 여행할 수 있었는데, 후일에 카트만누의 해당 북한 식당의 관리자도 행방불명되어 북한 당국이 당보위부 관계자를 파견하여 조사가 이루어졌다는 소식에 안타까운 마음을 금할 수 없었다. 따지고 보면 다 같은 동족으로 함께 자유를 누리면서 살아가야 함에도 불구하고 24시간 감시를 받으며 자유가 억압된 삶을 이어가야 하는 북한의 정치 집단을 미워하지 않을 수 없다. 하루빨리 통일되어 자유로운 왕래가 허락되고 개인의 자유가 보장되는 자유민주주의 이념이 그들에게도 적용되길 간절하게 소망한다.

카트만두 공항의 출국장 입구

네팔을 빈번하게 방문하면서 나름대로 네팔의 사회 기반시설이나 공공시설 등에 익숙해 있었다. 물론 최빈국의 네팔을 비하하기 위한 목적이 아니라 네팔을 사랑하고 많은 지인들이 현지에서 활동하고 있기 때문에 공항에서 목격한 시설에 대해 의견을 제시하고자 한다.

네팔의 카트만두 공항은 소규모의 공항으로 대형 항공기 이착륙이 불가능하다. 또한 공항 시설도 타국의 시설에 비교하면 규모나 편의시설 측면에서 열악한 상황이다. 국가의 경제 상황에 비춰보았을 때 당연한 수준으로 생각되기도 한다.

우연히 카트만두 공항에서 출국장 입구의 문 위에 부착되어 있는 표식이 마치 우리나라 화장실 표식과 유사하여 화장실로 인지하고 문을 열었으나, 문을 열어보니 내부에는 출국을 위한 검사대가 설치되어 있었고 공항직원이 휴대품 검사를 진행하고 있었다. 이 상황을 현지 대학 총장에게 한국의 화장실 표식과 동일하다는 구체적 설명과 함께 가능하면 당국에 건의하여 출국장에 어울리는 표식으로 바꿀 것을 제안하였다. 놀랍게도 공항 당국에서 필자의 제안을 받아들여 출국장 문의 표식을 새로운 디자인으로 바꾼 적이 있었다.

카트만두 공항의 과거 출국장 입구 문

08

몽골의 자존심

Mongol

몽골의 뼈아픈 역사

몽골은 과거 중국으로부터의 침략과 전쟁으로 내몽골*이라는 영토 일부를 빼앗긴 경험이 있어서인지 중국과의 감정은 그다지 좋은 관계는 아닌 듯하다.

몽골은 우리나라와 역사적으로 특별한 관계를 맺고 있는 국가로서 국토 면적은 1,564,116㎢ 이며, 인구는 약 300만 명 정도(2021년 기준)로 인구의 절반 이상이 수도인 울란바토르(Ulaanbaatar)에 집중되어 있다.

세계에서 18번째로 거대한 국토를 가지고 있으나, 인구 밀도는 세계 최저 수준이다. 북쪽에는 러시아의 브리야트(Buryat) 자치구와 접하고 있으며, 남쪽으로는 중국 내몽골 자치구가 있다. 카자흐스탄(Kazakhstan)에 이어 세계에서 2번째로 거대한 내륙국이며, 내해마저도 접하고 있지 못한 국가들 중에서는 가장 거대한 영토를 보유하고 있다.

우리나라와는 반대로 몽골은 서쪽은 높고 동쪽은 낮은 형태로 이루어져 있으며 서부와 북부는 산악지대, 중부와 동부는 초원지대, 남부는 사막지대의 지형을 이루고 있다. 즉, 대부분 지역들은

---

* 중국 북부에 위치한 영토를 지칭하는 것으로 동서로 길게 뻗고 있어 동쪽에서 차례로 헤이룽장성, 지린성, 랴오닝성, 허베이성, 산서성, 섬서성, 닝샤 후이족 자치구, 간쑤성과 남쪽으로 접해 있으며, 북쪽은 몽골, 러시아와 접하고 있다. 중화인민공화국에서 세번째로 큰 행정구역으로, 총 면적은 1,183,000㎢로 총 면적의 12%를 차지한다.

풀로 덮인 초원으로 이루어져 있으며 북쪽으로는 험준한 산맥이, 남쪽에는 고비 사막(Gobi Dessert)**이 펼쳐져 있으므로 경작 가능 면적이 매우 협소하고 모스크바(Moscow)와 오타와(Ottawa), 누르술탄(Nur-sultan) 등과 함께 세계에서 가장 추운 지역이기도 하다.

또한 우리나라의 평균 해발 고도가 482m인 반면, 몽골의 평균 해발고도는 1,580m로 최고 고도는 4,374m, 최저 고도는 532m로 비교적 높은 편이다. 따라서 몽골의 해발고도가 높은 지역을 여행하다 보면 가끔 기압과 산소 부족으로 두통을 호소하는 경우도 있다.

몽골 최대의 나담축제

** 아시아에서 가장 큰 규모의 사막으로 몽골과 중국에 걸쳐 있는 중앙아시아의 사막이다. 북쪽은 알타이 산맥과 스텝 지대, 남쪽은 티베트 고원, 동쪽은 화베이 평원으로 둘러싸여 있으며, '고비'는 몽골어로 '거친 땅'이라는 의미이다. 매년 봄이 다가오면 고비 사막의 모래가 날리는 황사가 편서풍을 타고 한반도로 날아와 미세먼지와 함께 많은 피해를 입히고 있기 때문에 근본적으로 황사의 발원을 제거하기 위한 수단으로 최근에는 우리나라 정부와 민간단체에서 고비사막에 녹화 사업을 추진하고 있다.

몽골은 본래부터 유목민으로서 현재도 인구의 30% 정도가 유목 생활을 하고 있으며, 유목생활의 이동수단으로 말이 절대적으로 중요한 역할을 해 왔기 때문에 승마 문화가 일반화되어 있다.

필자도 몽골에서 승마체험을 해보고자 말을 타 본적이 있는데, 갑자기 옆에 있던 말이 뛰어 타고 있는 말의 뒷발을 때리는 순간 말이 놀라 갑작스럽게 튀어 필자가 땅으로 떨어져 부상을 입은 경험이 있었기 때문에 승마는 조금 두렵기도 하다.

대부분의 몽골 국민들은 몽골족이며 4% 정도만 카자흐(Kazakhstan)인, 투바(Tuva)인, 그 외 소수민족들로 구성되어 있으며 대부분 서쪽 지역에 몰려 살고 있다. 역사적으로 1206년에는 칭기즈 칸(Chingiz Khan)이 몽골 제국을 세웠으며, 활발한 정복사업을 펼치며 역사상 최대의 육상 제국을 이룩하여 가장 넓은 영토를 확보하기도 했었다. 따라서 지금까지도 칭기스 칸은 몽골인들에게는 절대적으로 신격화 된 인물이다.

몽골의 유목민

유목민의 상징 게르

몽골의 도심지를 벗어나면 어렵지 않게 천막집 형태의 게르(Ger)를 발견할 수 있는데, 게르 문화는 과거 유목민시절부터 전해 내려오는 독특한 가옥이다. 지금도 시골을 방문하면 거의 게르에서 생활하는 모습을 볼 수 있기 때문에 몽골을 방문하는 여행자를 대상으로 현장체험을 위해 게르에서 숙박하는 경우도 있다.

과거 유목민들은 기후변화에 따라 가축의 먹이를 찾아 자주 이동해야 했기 때문에 가볍고 조립이 용이한 형태의 가옥이 필요했는데, 이 때 만들어진 것이 바로 이동식 천막집 형태의 가옥이 게르이다.

게르는 보통 나무골조로 조립되며, 그 위를 펠트(Felt)로 덮어 지붕을 만들고 지름 4~5m, 높이 2.5m 정도의 규모이다. 혹독한 추위의 겨울을 게르에서 지낼 수 있는 것은 양털로 만들어진 펠트(에스기-Isgi)의 덕분이라고 한다. 즉, 양털 펠트는 보온 효과가 뛰어나고 습기도 흡수하여 인간이 최적의 상태에서 생활할 수 있도록 공기를 정화해 준다고 한다.

필자는 게르의 생활문화를 체험하면서 몽골 인들의 문화적 특성을 이해할 수 있었다. 현대적 건축시설이 전혀 없던 과거에는 모든 생활이 게르에서 이루어졌기 때문에 계절마다 이동하면서 온 가족이 하나의 게르에서 생활해야만 했었다. 이와 같은 생활

형태로 인해 3대(조부모, 부모, 손자)가 함께 게르에서 공동으로 생활하기 때문에 씨족에 대한 강한 신념이 자리 잡고 있는 것 같았다. 혹독한 추위를 이겨내며 게르에서 생활하는 동안 상호간의 특별한 보호본능으로 삶의 범주에서 언제나 함께해야 했기 때문에 정신적 강인함이 바탕이 되었을 것이다.

몽골의 게르 형태는 3천여 년 전 유목민들이 양털로 만든 펠트를 천정에 덮고 문과 환기창을 펠트로 가렸다. 몽골 게르의 구성은 몽골 유목민의 문화와 밀접한 관계를 가지고 있는데, 방목지를 따라 지속적인 이동을 위해 게르의 설치나 해체가 용이하게 만들어졌다. 특히 몽골의 겨울은 매서운 추위 때문에 게르는 난방으로 상승한 온도를 오래 유지하기 위해 지구 모양의 원형 형태를 취하고 있으며, 내부 중앙에 난로를 배치함으로써 혹독한 추위를 견딜 수 있었다. 또한 숙식이 가능하지만 가장 간편한 형태로 만들어져 이동성을 중시하였다.

게르에서 생활하는 가족

유학 선호국가 한국

2000년 대 몽골을 처음 몇 차례 방문할 때의 인상은 혹독한 추위, 게르, 초원 등의 특별한 단어가 머릿속의 기억창고에 저장될 뿐이었으나, 역사적 사실과 민족의 정체성을 파악하면서 점점 친근한 국가로 자리매김하게 되었다. 또한 필자가 소속되어 있던 대학의 글로벌화 정책으로 몽골 학생들을 유치하기 위해 빈번하게 몽골을 방문하면서 몽골 친화적인 생각으로 바뀌게 되었다.

몽골 유학생 유치를 위한 유학시장조사와 함께 당시 한국인이 이사장으로 재직하고 있었던 나담대학(Nadam University)의 학생 유치 목적으로 2006년도에 몽골 방문을 시작으로 몽골과의 깊은 인연을 맺을 수 있었다.

몽골의 국토면적은 넓으나 인구는 상대적으로 적음에도 불구하고 같은 동일한 우랄알타이어(Ural-altai) 계열의 뿌리 탓인지 친한파가 대부분이었다. 시장조사결과 한국유학에 대한 욕구는 대단하지만 한국의 유학대상 대학에 대한 정보 부족과 유학을 위한 비자발급에 대한 어려움으로 인해 당시에는 특별한 학생만이 한국유학을 할 수 있었다.

따라서 맨 처음 나담대학으로부터 일부학과에 편입학생을 유치한 경험으로 지속적으로 몽골 소재 대학들과 자매협약을 체결한 후 국제교류를 통한 편입학생을 모집하고, 현지에 대학의 자체홍보를 통해 신입생을 모집하는 전략으로 많은 몽골 학생을 유치하는데 성공하였다.

이렇게 몽골로부터 많은 유학생을 지속적으로 모집할 수 있었던 비결은 적절한 현지 홍보와 유학생들의 입소문이었다. 즉, 대학의 양부모 제도***나 국제교류 관계자의 적극적인 행정지원과 희생정신으로 인해 유학생관리가 비교적 우수하다는 평가를 받았기 때문이었다.

몽골의 수도 울란바토르에는 150여만 명의 인구가 거주하고 100여개의 국립, 사립대학이 운영되고 있다. 또한 지방에도 소규모의 대학들이 한국에서 유학하기 위한 상담이 쇄도하여 심지어는 몽골 서북단에 위치한 욥스(Khovsgol)까지도 방문하여 학생들을 유치하였다.

적극적인 유학생 유치 전략으로 필자의 소속대학을 홍보하기 위해 젊은이들이 선호하는 프로그램의 현지 방송국 PD와 촬영팀을 초대하여 대학 캠퍼스와 학과 운영 내용 등을 녹화한 후 현지 방송국을 직접 방문하여 인터뷰 한 내용을 접목시켜 약 1주일 간 몽골 전역에 다큐멘터리(Documentary) 형식으로 방송을 한 적이 있었는데, 이를 계기로 많은 유학생들이 지원하여 주변 대학들 중 몽골 유학생이 가장 많은 대학으로 알려지게 되었다. 그 결과 현재 몽골에는 수많은 제자들이 병원경영, 변호사, 건설업경영, 방송계, 패션산업 등의 분야에서 몽골 사회의 중추적인 역할을 하고 있기 때문에 몽골을 방문할 때마다 온기를 느낄 정도이다.

당시 21개국의 유학생들이 수학하고 있었는데, 그 중 몽골 학생이 가장 빠르게 한국어를 습득하였고, 발음도 비교적 정확하게

*** 유학생의 편의와 안전을 위해 유학생활을 하는 동안 부모역할을 담당할 수 있는 교직원을 연결해 주는 제도로 해당 유학생의 상담은 물론 수시로 소통하며 유학생의 멘토 역할을 수행한다.

몽골대학과 자매협정서 서명식

구사하여 몽골이 우리나라와 같은 계통의 민족임을 깨닫게 했다.

또한 21개국의 유학생중 중국학생이 차지하는 비중이 가장 높았으나, 몽골 학생들은 중국 유학생들을 대상으로 압도적 우위에서 기숙사 생활을 했던 것으로 기억된다. 그 만큼 반중감정이 몽골인 가슴 깊이 스며있는 것을 은연중에 내포하고 있음을 발견할 수 있었다.

구체적으로 예를 들면 유학생 수는 적지만 끈끈한 단합으로 '1당백' 정신을 유감없이 발휘하여 사적인 감정으로 인해 싸움이 발생하여도 언제나 몽골 유학생들의 승리로 종료되었다.

또한 매년 경주에서 개최되는 해외 유학생 대상 '화랑씨름대회'에서도 몽골학생들이 칭기즈 칸 후예의 정신을 유감없이 발휘하여 남녀부문 모두 입상을 할 만큼 건강한 신체의 조건을 가지고 있었기 때문에 대학의 위상을 높이는 계기가 되기도 하였다.

다른 국가의 유학생보다 몽골국의 유학생들은 생활력과 단결력이 강하기 때문에 몽골 유학생들에게 많은 관심을 가질 수밖에 없었다. 수시로 유학생 상담이 이루어지는데, 언제나 몽골학생들은 특별 관심의 대상이었으므로 혹시라도 가정문제나 경제적인 문제로 인해 유학비용의 송금이 불가능한 경우에는 학생들에게 등록금을 대납해 준 경우도 있었다.

이와 같은 결과로 매년 3월과 9월의 월급은 아예 없거나 반 정도는 유학생을 위해 사용하는 것으로 인식하고 몇 년을 지내온 것 같다. 이와 같은 등록금의 사적 지원은 사사로운 무엇인가를 바라고 했던 것이 아니고 몽골반점을 지니고 있는 동질의 민족이라 그런지 아무 조건 없이 아이들이 좋아 도와주고 싶은 마음에서 그랬던 것 같다. 그 결과 지금까지도 몽골을 방문하면 수많은 졸업생들과 함께하며 사제지간의 정을 나누는 시간을 갖기도 한다.

몽골의 많은 똑똑한 젊은이들이 전세계의 다양한 국가에서 유학생활을 통해 점차 유목민이라는 인식을 벗어나 문명국으로의 발걸음을 내딛고 있다는 것이 필자의 개인적인 생각이다.

과거 소비에트 연방의 속국으로부터 독립한 후에 자본주의가 본격적으로 유입되고, 젊은이들을 중심으로 신흥 개도국으로의 지위를 유지하면서 눈부시게 발전하고 있다.

최근에는 러시아와 중국의 복잡한 정치적 관계로 인해 몽골은 친한국의 성향으로 바뀌고 있으며, 실제로 우리나라와의 교류가 활발히 이루어지고 있다. 정확한 통계는 없으나 전 몽골 인구의 30%는 한국어를 구사할 수 있을 것으로 추정된다.

몽골 봉제공장의 북한 근로자

한국에서 유학을 마치고 귀국하여 유명 브랜드의 섬유회사에 근무하고 있는 제자의 안내로 고비섬유제품 공장을 방문한 적이 있었는데, 양털을 이용하여 섬유제품이 만들어지는 공정을 견학하는 과정에서 예기치 않게 약 50여 명의 북한 근로자들이 근무하고 있는 봉제 공장 라인을 살펴볼 수 있는 기회가 주어졌다.

북한 근로자들이 근무하는 장소에는 우리나라와 특별한 관계를 고려하여 조심스럽게 접근해야만 했다. 북한 근로자들이 필자를 발견했을 때에는 조금 당황해 했으나, 안내자의 신속한 대처로 근로자들이 재빠르게 안정을 되찾고 봉제하는 모습을 자세하게 볼 수 있었다.

이곳에 근무하는 근로자들은 계약기간 동안 한 번도 본국으로 휴가를 다녀오지 못하고 오로지 당에서 파견된 간부의 감시와 함께 단체로 기숙하면서 근로활동을 하고 있다고 한다. 같은 동족으로서 자유를 누리지 못하고 노동력을 착취당하고 있는 모습을 현장에서 몸소 지켜보는 것이 슬픈 현실일 뿐이었다. 이들이 받는 월급을 정확하게는 밝힐 수는 없지만 상당히 적은 금액을 받는데, 그것마저도 북한 당국에서 일부를 공제하고 송금된다고 한다.

근로자들이 오랜 기간 동안 해외에서 근로활동을 하면서 자유롭게 생활하는 주민들의 실상이나 외국 여행객들을 목격하면서 자유민주주의의 실상을 전혀 모르겠는가?

몽골 봉제공장의 북한 여성 근로자

단지 알고 있으나 정치적으로 세뇌되어 무덤덤하게 자국(북한)의 이념을 추종할 따름일 것이다.

타국에서 경제활동을 하는 북한인들을 많이 목격한 결과 북한인들도 명석하고 총명한 민족으로서 정치적 이념의 갈등으로 어렵게 살아가고 있다는 소문과 외신의 발표는 현실과 동떨어지지 않다는 것을 눈으로 확인할 수 있었다는 것은 적지 않은 슬픔으로 간직되고 있다.

몽골의 특산물 차차르강 열매

몽골의 수도 울란바토르에서 경비행기로 3시간 30분이 걸리는 몽골 서북단에 옵스란 지역을 방문할 기회가 있었다.

몽골은 우리나라의 약 15배 규모의 국토를 보유하고 있기 때문에 대부분 초원과 사막으로 이루어져 도시 인근지역에서 아스팔트 도로가 건설되어 있지만, 야외로 벗어나면 특별히 건설된 도로가 아니라 평지를 이용해 자동차가 달리는 곳이 많았다.

소규모의 옵스공항에 비행기가 착륙하는데 공항 활주로가 자연적으로 만들어진 것 같은 땅위에 착륙하는 것이 인상적이었다. 경비행기가 단단한 땅위에 착륙하는 순간 덜커덩 소리와 함께 많이 흔들려 간장을 싸늘하게 했다. 그러나 요즘은 울란바토르에서 옵스까지 도로가 현대식으로 건설되어 자동차를 이용하여 편리하게 이동할 수 있으며, 옵스 공항도 2021년도에는 활주로 시설이 완공되어 항공기의 안정된 이착륙이 가능하다.

공항에서 옵스노르(옵스호수)를 방문하기 위해 평지를 자동차로 이동하는데, 일반도로가 아니라 군데군데 얼음이 녹아 있는 평지여서 한국산 4륜구동 SUV 자동차였지만 질퍽한 진흙위에 자동차 바퀴가 빠져 주위의 돌이나 나무 등을 바퀴에 넣고 구동을 해도 빠져나오지 못했던 적이 있었다.

4월이었음에도 영하의 날씨에 옵스호수에서 불어오는 매서운 바람까지 동반하여 추위에 떨면서 2시간 정도 정처 없이 기다려만 했다. 더욱이 당시에는 핸드폰 연결 상태도 안 좋아 연락할 방법이 없었다. 몽골은 국토면적이 광활하지만 인구가 적고, 이곳 서부는 특히 관광객이 없던 시절이었으므로 지나가는 자동차가 거의 없었다. 2시간 쯤 지난 후 비교적 큰 SUV 자동차가 이곳을 지나가기 위해 다가오는 것을 발견하고, 다가가 자동차 견인을 정중하게 부탁하여 우리의 자동차는 가까스로 진흙땅을 빠져나올 수 있었다.

추위로 꽁꽁 얼었던 몸을 자동차에 싣고 옵스 호수를 향해 달리면서 내부의 히터 가동으로 추위로부터 해방될 수 있었다. 1시간 쯤 더 달려 도착한 옵스 호수는 그 동안 추위와 싸우면서 고통스러웠던 마음을 달래주기에 충분했다. 옵스호수는 몽골에서 가장 큰 염호로 제주도 2배 크기 정도로 큰 규모의 호수이다.

옵스호수에서 필자를 기다리던 올람곰 대학의 총장과 관계자가 허르헉(Herhog) 음식을 준비하기 위해 불을 피우고 돌을 달구는 동안 추위를 녹일 수 있었다. 허르헉은 몽골의 전통 음식으로 불로 달구어진 돌을 통 안에 양고기와 양념을 함께 넣고 뚜껑을 닫은 다음, 일정한 시간이 지나면 통내부에서 불에 달구어진 돌이 통내부의 물을 끓여 간접적으로 양고기와 양념을 익히는 과정을 거친다. 이때 양고기를 익히는 동안 돌 표면에 달라붙은 양고기 기름으로 미끄럽고 뜨거운 상태로 통에서 꺼내 양손으로 번갈아가며 쥐면서 따뜻한 열기를 느끼는 풍습을 배우기도 하였다. 추위 탓이었는지 옵스호수에서 뜨거운 돌의 열기와 함께 특유한 향기의 허르헉을 맛있게 먹었던 것이 잊지 못할 추억으로 남아 있다.

옵스호수의 관광을 마치고 호텔로 돌아와 체크인(Check in)을 하고 객실에 입실하였는데, 일반적인 호텔개념이 아닌 통나무로

4월의 옵스 호수

지은 게스트 하우스(Guest House) 수준이었다.

이 숙소에는 몽골 내국인이나 러시아인들이 자주 머무는 숙소라서 한국인 숙박객은 거의 없다고 한다. 몽골 서부지역의 매서운 추위로 인해 모든 창문이나 출입문이 2중으로 되어있어 공기는 비교적 탁한 편이었지만, 현지의 사정을 이해하고 재빠르게 적응하는 것이 진정한 여행자임을 스스로 깨닫고 순응할 수밖에 없었다. 다음날 올람곰 대학을 방문하여 총장을 예방하고 국제교류 관계자의 안내로 캠퍼스 투어(Campus Tour)를 하였는데, 시골의 고등학교 수준의 소규모 대학이었다.

이곳 학생들 역시 우리나라의 한류 영향으로 많은 학생들이 한국 유학을 희망하고 있었다. 몽골의 수도 울란바토르에서 올람

곰까지는 약 2,500km 떨어져 있기 때문에 문화적 수준은 다소 떨어져 있다는 것을 느낄 수 있었다.

사실 당시에 한국 유학을 희망하는 학생의 부모를 직접 면담하면서 자식교육을 위한 부모의 열정이 대단하다는 것을 인지할 수 있었다. 결국 그 학생은 한국에서 유학생활을 마치고 귀국하였다.

몽골의 서부 지역에는 비타민(Vitamin) 나무로 알려져 있는 노란색의 차차르강이라는 나무 열매가 추위에 잘 견디는 특산물이기 때문에 이 열매를 수확하여 가공한 음료수 개발을 추진하고 있었다. 따라서 필자는 차차르강 열매의 견본을 가져와 한국의 특정 연구소에 성분분석을 의뢰하였고, 그 분석결과에 따라 음료수 개발을 위한 제안을 통해 몽골 현지에서 차차르강 열매를 이용한 음료수 개발에 도움을 주기도 하였다.

올람곰 대학 학생들

09

만만디 정신의 중국

China

중국과 우리나라의 외교

중국은 지정학적으로 우리나라와 가장 근접해 있는 국가로 공산주의와 민주주의라는 정치적 이념 분쟁으로 인해 1950년대 한국전쟁이후 수교 전까지 전혀 교류가 없었다. 그러나 노태우 전 대통령의 북방정책 일환으로 우여곡절 끝에 중국과의 관계가 정상화 되었다. 1991년 1월 30일 무역대표부를 개설하고 1992년 8월 24일 한중 외교관계가 수립되었다.

중국의 수도 베이징(Beijing)에 대사관 개설을 시작으로 2022년 현재 7곳의 상하이(Shanghai), 칭다오(Qingdao), 시안(Xian), 광저우(Guangzhou), 선양(Shenyang), 우한(Wuhan) 총영사관이 개설 운영되고 있다.

중국과 우리나라의 외교정상화는 하나의 중국을 표방하는 중국은 당시 외교관계를 맺고 있던 대만과의 관계를 인정하지 않았기 때문에 중국의 외교정상화 조건이 우리나라와 대만과의 외교단절이었다. 중국과의 외교정상화를 위해서는 정부나 민간 차원에서 활발하였던 대만과의 교류를 단절할 수밖에 없는 운명으로 대만의 주 서울 대만대사관과 주 부산 대만총영사관이 하루아침에 없어지고 중국대사관과 총영사관으로 대체되는 대 혼란을 겪게 되었다.

당시 우리나라 정부는 국익을 위해 대만과의 단교로 인해 겉으로 대만인들로부터 많은 원성을 들을 수밖에 없었으나, 대만정부도 중국의 단호한 요구조건을 묵시적으로 받아들이는 분위기였다. 따라서 중국과 외교관계협정이 수립되면서 대만과는 무역대표부로 전환하여 지속적인 외교관계가 이루어져 오늘날에 이르고 있다.

중국과의 정치적 이념은 달리하고 있지만 외교관계가 정상화되면서 양국 간의 사회적, 문화적, 정치적 교류가 급속도로 확대되었다. 급기야 제일의 무역 상대국(2022년 약 25%)이 되었으나 교류가 빠른 속도로 진행되면서 사회적으로 적지 않은 부작용이 발생하기도 하였다.

중국은 세계에서 가장 많은 인구를 보유하고 있으며, 정치적으로는 사회주의 틀을 바탕으로 하고 있기 때문에 정치지도자의 의견이 민감하게 작용할 때도 있다. 그러나 최근 미국과 중국간의 정치적 갈등으로 인해 우리나라가 미국과 중국 사이의 틈에 끼어 많은 어려움을 겪고 있는 것이 사실이다. 북한과의 관계로 인해 정치적, 군사적으로는 미국과의 철통같은 동맹관계를 유지해야만 하고, 경제적으로는 중국과의 관계가 매우 중요하기 때문이다.

미국은 자신들이 취하고 있는 대중국 압박에 동참을 요구하고 있으며, 중국은 미국이 주도하는 각종 대중국 압박 형태의 전략에 동조할 경우 경제적 보복을 일삼고 있는 실정이다.

경제보복의 예로는 2017년 미국이 고고도 미사일 방어시스템*을 설치하였을 때다. 당시 중국은 중국 현지 우리나라 기업들이 생산하는 상품의 불매운동을 비롯하여 한국관광을 금지하는 등 엄청난 규모의 경제보복으로 민간기업에 적지 않은 타격을 가했고,

* 종말 고고도 지역방어 체계(Terminal High Altitude Area Defense : THAAD)는 록히드마틴사가 제작한 시스템으로 미국 육군이 실전배치한 탄도탄 고고도 요격 체계이다. 우리나라에는 경상북도 성주에 배치되어 미군이 운영하고 있다.

한국관광의 제도적 제한으로 민간경제에 어려움을 안겨주었다. 그러므로 우리나라의 정치권에서는 정치적 이해관계를 고려하여 양국 간의 등거리 외교가 절대적으로 요구 되는 바 언제나 슬기롭고 지혜로운 외교적 대처가 필요하다는 것을 염두에 두어야 한다.

자녀 교육의 열풍

중국은 급격한 인구의 팽창을 막기 위해 소수민족을 제외한 한족들은 법적으로 한 자녀를 원칙으로 하고 두 번째 자녀부터는 불이익을 주는 정책을 펼쳤다. 그 결과 급속도로 발전하는 경제력을 바탕으로 과거 우리나라와 마찬가지로 자녀교육에 목숨을 걸 정도로 심혈을 기울이고 있다.

어린 아이들의 조기교육을 위해 각종 예능교육은 물론이고 외국어, 수학능력 등의 교육이 취학 전부터 시작되고 있다. 이와 같이 부모들의 조기교육 열망으로 인해 베이징을 비롯하여 전국 주요도시에는 외국의 조기교육 시스템이 도입되었고, 심지어는 아이들의 인성 형성에는 전혀 관계없는 사치에 가까운 수준의 교육이 만연되어 있다. 또한 빠른 경제적 부흥으로 인해 아이들은 세계적인 수준의 고등교육을 위해 해외 유학 열풍이 불고 있다.

2004년 3월 중국 학생들의 한국유학 욕구가 점점 늘어남에 따라

동북 3성[길림(Jilinsheng)성, 요녕(Liaoning)성, 흑룡강(Heilongziang)]의 유학시장을 개척하고자 대학기관이 아닌 길림성의 조선족 지인의 사무소를 방문하였다. 길림성을 방문하여 유학시장을 조사하였으며, 실제로 한국 유학 희망자를 면담하여 영사관에 유학 비자를 신청한 결과 20명 중 5명이 유학 비자를 발급받았다. 당시에는 유학 희망자를 선발 하였을지라도 한국 영사관에서 발급하는 유학 비자를 취득하기 위해서는 까다로운 절차를 거쳐야 했다.

중국 중개인들이 대한민국 대사관의 요구 서류를 충족시키지 못해 유학비자 신청이 불가능한 학생들에게 위조서류를 만들어 주어 유학 비자를 발급받으면 엄청난 수수료를 받는 경우가 있었기 때문에 영사관에서는 철저하게 검증하기 위한 목적으로 발급 조건을 강화했었다.

필자는 소속대학을 위해 최초로 중국 유학생 유치를 진행하면서 점진적으로 중국 유학시장을 파악할 수가 있었고, 중국인들의 성향을 인지하고 난 후 대사관이나 영사관의 유학비자 발급조건과 절차를 숙지하게 되었으며, 중국 유학생 모집에 대한 노하우(Know-how)도 터득하게 되었다. 그 결과 중개인이나 지역 유학원에서 유학생 모집은 많은 위험이 동반되고 유학비자 발급이 저조하다는 것을 알게 되어, 중국의 대학이나 고등학교에서 직접 학생들을 모집하는 것으로 전략을 수정하고 중국 현지 대학과 고등학교를 직접 방문하여 자매결연 협약을 체결하고, 직접 한국대학 설명회를 통해 유학생 유치를 적극적으로 추진한 결과 점점 중국 유학생이 증가하게 되었다.

물론 유학생 유치 초창기에는 중국 유학시장에 대한 정보가 부족했기 때문에 유치과정에서 그리고 유학생을 관리하는 과정에서 발생한 각종 문제점들로 인해 많은 시행착오를 거칠 수밖에 없었다. 이와 같은 시행착오를 타산지석으로 삼아 중국 유학시장 공략의 방향을 수정하게 되었고, 중개인이나 제3자를 통하지 않고 직접 현지 유학시장에서 학생들을 선발하게 되는 계기가 되었다.

후일에 알게 된 사실은 유학비자 발급을 위한 중개인들이 유학자격이 없는 학생들을 대상으로 한국의 기업에 취업을 목적으로 위조서류를 꾸며 유학비자발급을 받고 거액의 수수료를 챙기고 있었다. 또한 해당 중개인을 통해 비자를 발급받아 한국에 입국한 후 학업에는 전혀 관심이 없는 상태로 잠시 한국 대학에 머물다가 또 다른 취업 중개인들과 연결되어 유학을 중단하고 돈벌이를 위해 학교를 이탈하는 경우가 많아 사회적 문제로 대두되었다. 이와 같은 현상은 정당하고 모든 조건을 충족하고 있음에도 불구하고 선량한 중국의 한국 유학 희망자들이 영사관이나 출입국관리사무소의 중국 유학생에 대한 곱지 않은 시선으로 피해를 입는 결과를 초래하기도 하였다.

당시 유학생 비자 발급시스템은 현지 주재국의 대사관이나 영사관에서 비자발급이 허가되면 한국의 출입국관리사무소에 이첩되어 정식으로 유학생 비자가 발급되는 절차로 운영되었다. 즉, 주재국에서 허가된 비자발급번호를 대상으로 한국의 출입국관리사무소에서 다시 한 번 최종적으로 점검하는 절차를 거쳐 유학비자가 발급되었다. 이와 같은 절차로 인해 중국 현지 주재 공관에서 비자발급이 허가되었을지라도 한국 출입국관리사무소를 방문하여 유학 비자를 발급 받는 과정에서 해당 주무관은 다시 한 번 의심의 눈초리로 서류를 점검하여 최종적으로 비자가 발급되어 입국이 가능하게 된다.

또한 중국 학생들의 유학생활이 시작되면서 관리의 문제가 발생할 수밖에 없었다. 문화와 사회적 이념이 우리나라와 다르기 때문에 유학생들의 인권을 고려하여 구체적으로 밝힐 수는 없지만 각종 문제점이 발생하기 시작하였다. 이와 같은 문제점들을 해결하기 위해서는 그들이 틀린 것이 아니라 다르다는 것을 가슴깊이 새기고 조건 없는 사랑을 베풀어야만 했다. 그것이 그들의 마음을 움직여 많은 문제점들을 해결할 수 있었다.

유치와 관리과정에서 수많은 시행착오를 통해 누적된 노하우와 피땀 어린 국제교류 관계자들의 노력으로 인해 20여 개국의 유학생들 중 중국 유학생 비중이 가장 높았고, 중국 유학생들로 인해 소속대학의 재정확보에 많은 도움이 되기도 하였다.

요즘 중국은 알려진 바와 같이 경제 빈국이 아니라 일부 지방은 우리나라의 1인당 GDP보다 많은 지방도 존재한다. 이처럼 가파른 경제성장으로 교육에 대한 열풍은 점점 심화되는 가운데, 한족의 경우 한 자녀 정책으로 자녀교육에 많은 경제적 지원으로 말미암아 풍족한 유학생활을 하는 중국유학생도 있었다. 즉, 한국의 학생들보다 많은 용돈을 중국의 부모로부터 송금 받아 취미활동과 더불어 여유를 즐기고, 심지어는 유학하면서 한국 자동차를 구입하는 학생도 있었다. 그러나 우리나라도 마찬가지이겠으나 학창시절에 과도한 금전적 지원은 오히려 학생들의 인성형성에 부정적인 영향을 미치기도 한다는 것을 확인시켜주는 경우도 있었다.

유학시장 진출을 위한 대학 발굴

2005년 하반기에 중국 유학생을 안정적으로 유치하기 위해 칭다오(Chingdao)에 소재한 빈해대학(Binhai University)과 자매결연을 체결하고 학점교류를 시작하면서 양 대학의 교류가 활발히 이루어져 빈해대학 출신 학생들이 대규모로 소속대학에서 수학하였다.

요즘 중국에도 학령인구의 감소로 인해 대학입학정원에 비해 고교 졸업자가 많지 않아 대학입학 경쟁력이 약화되었지만, 2000년대 초기 중국에는 대학진학 지망생보다 대학의 입학정원이 턱없이 부족하여 학생모집에는 전혀 문제가 없었기 때문에 중국대학 입학 초기부터 한국 유학을 조건으로 입학생을 모집하기도 하였다. 자매결연 협약을 체결하고 학점연계프로그램을 기획 후 정기적으로 중국 현지 대학을 방문하여 재학생을 관리 및 감독 하였으며, 소정의 규정에 의한 시험을 거쳐 최종 선발하여 유학생을 유치하였다.

학점연계프로그램을 진행하면서 중국대학의 운영시스템과 학생들의 수학 내용을 보다 구체적으로 파악할 수 있었다. 한국 학생들은 대학 캠퍼스 생활이 비교적 자유롭고 캠퍼스 내 기숙사는 선택 사항이었으나, 중국은 대부분 캠퍼스 내에서 철저하게 통제된 규범을 준수하면서 사전에 계획된 일정대로 단체생활을 하고 있었다. 인상적이었던 것은 1주일에 1회 외출이 허용되고, 식사 역시 단체로 캠퍼스 내 급식소에서 정해진 시간에 할 수 있었다.

필자도 학생들의 일상을 이해하기 위해 아침 기상부터 저녁 취침까지 학생들의 일과대로 함께 일정을 소화하면서 소중한 체험을 한 적이 있다. 해당 대학의 학생 일과는 6시에 기상하여 단체로 조깅(Jogging)과 체조를 마치고 숙소 주변을 손수 청소하고, 7시에 급식소에서 단체로 조식을 먹는다. 조식 후에는 8시부터 학과에서 정해진 강의가 진행되는데 마치 고등학교 수업처럼 일괄적으로 진행된다. 점심 식사 후에도 오후 내내 학과에서 강의가 진행되고 저녁식사 후에는 학과별로 강의실에서 자율자습과 함께 지유시간이 주어지고, 하오 10시에 취침을 하게 된다. 그러나 최근에는 캠퍼스의 글로벌화로 인해 중국의 대학에도 자유화 바람이 불어 비교적 자유로운 캠퍼스 생활이 허용되고 있다.

하루 일과를 학생들과 함께하면서 한국 학생들의 끝없는 자유활동과 끼를 유감없이 발휘할 수 있는 동아리활동 등을 생각하며, 중국 학생들은 아직도 사회주의 마인드가 깊이 뿌리 내리고 있음을 느낄 수 있었다. 이와 같이 중국 가정이 대부분 한 자녀임에도 불구하고 독립적으로 생활할 수 있는 문화가 젊은이들에게 익숙하게 되었을 것이다. 또한 중국 학생들은 단체 활동의 생활화로 인해 구두 발표능력이 탁월한 반면, 한국학생들은 글로 표현하는 능력이 탁월한 것 같았다.

빈해대학과의 성공적인 교류를 통해 대학과의 교류와 유학생 유치에 대한 노하우를 바탕으로 자매대학을 점진적으로 늘리면서 각양각색의 프로그램을 진행하면서 차별화 된 전략으로 중국의 유학생을 유치하게 되었다.

흔히들 중국시장에서 유학생 유치가 단순한 것으로 보일지는 몰라도 실제는 대학 당국과의 진정한 신뢰가 대단히 중요하기 때문에 우선적으로 그들에게 신뢰를 주는 것이 중요하다. 중국인들은 인간관계 형성에서 처음에는 좀처럼 정을 주지 않아 냉랭한 민족이라고 생각이 들 정도이지만. 일단 상호간의 신뢰가 구축되면 진정한 형제자매의 관계처럼 가까운 사이로 변한다는 사실을 알게 되었다.

따라서 중국 유학생을 유치하기 위한 프로그램을 원만하게 진행하기 위해서는 중국대학의 서기장을 비롯하여 총장 및 국제교류 관계자들의 신뢰가 우선되어야 한다는 소중한 교훈을 얻었다. 여기서 얻은 교훈을 바탕으로 중국 전역의 대학들과 자매결연을 체결하고 각종 프로그램을 진행하는데 남다른 차별화 전략의 결과로 적지 않은 유학생을 현지 대학으로부터 유치하게 되었다.

현지 대학과의 국제교류를 통한 학생유치활동에 앞서 신뢰의 관계를 유지하기 위해 매년 중국 현지 대학의 각종 기념일에 참가하여 메시지(Message)를 전하기도 하고, 문화체험을 위한 양 대학의 교직원 및 학생들이 상호방문을 통해 현지 대학들과 돈독한 관계를 구축하였으며, 한국어 보급을 위해 매년 한국어 경시대회를 개최하여 학생들의 사기를 돋우는 계기를 마련하기도 하였다. 그 후로 중국 여러 지역의 대학(베이징, 광저우, 우한, 하문 등)과 자매결연 협약을 체결하여 학점연계프로그램을 진행하면서 많은 중국 유학생을 모집 할 수 있었다.

이 과정에서 중국의 젊은이들에 대해 많은 것을 이해 할 수 있었고, 중국 문화와 역사를 통해 자신을 돌아볼 수 있는 계기가 되었으며, 정치적 이념은 다르지만 살아가는 지혜가 남다름을 느끼면서 중국인들을 이해하는데 많은 도움이 되었다.

중국 유학생의 주검

상술한 바와 같이 수많은 시련 끝에 적극적인 국제교류 활동과 차별화된 프로그램으로 많은 중국 유학생들을 유치할 수 있었다. 물론 우리 학생들도 교환학생 프로그램을 통해 중국 대학에서 공부할 수 있는 기회가 주어졌다. 차별화된 프로그램의 하나인 중국 하문의학전문대학(Xiamen Medical College)과의 교육연계프로그램이었는데, 중국에서 전문대학 과정을 마치면 바로 한국의 4년제 대학으로 편입학하여 졸업하는 과정이었다.

참고로 하문(Xiamen/夏門)은 대만과 가장 가까운 도시로 중국의 남동쪽 해안의 가장자리에 위치한 도로와 건물이 현대식으로 건축된 아름다운 계획도시이다. 하문 시에 소재하고 있는 하문의학전문대학은 미용관련 특화대학으로 중국정부의 지원을 받고 있는 대학이다. 필자는 중국의 미용이 한류와 더불어 선풍적인 인기를 끌고 있다는 것을 인지하고 미용관련 학과를 개설하고 있는 특성화 대학을 발굴하였다. 그리고 맨 처음 하문의학전문대학과 자매결연을 체결하고 다양한 미용관련 프로그램을 진행하였으며, 특히 비교적 많은 학생들이 뷰티케어(Beauty Care)학과에 편입학하여 졸업하고, 심지어는 대학원에 진학하기도 하였다. 하문의학전문대학은 미용관련학과 중점 대학이므로 대부분 여학생들이었으며, 미용관련 특성화대학이었기 때문에 중국의 다양한 지방 학생들이 수학하고 있었다.

이와 같이 하문의학전문대학의 편입생을 비롯하여 많은 중국 학생들의 유학생활이 활기를 띠고 있는 가운데 정말 생각하기조차 싫은 비보를 듣게 되었다. 2014년 어느 날 늦은 오후에 대학 주변의 공설운동장 입구에서 교통사고로 인해 중국 유학생이 병원으로 이송되었다는 소식을 듣고 국제교류 관계자를 병원으로 보내 사고경위를 파악한 결과, 하문의학전문대학 여학생 3명이 공설운동장 입구를 횡단하는 도중에 한국인 여성이 운전하는 자동차에 치어 3명중 두 명은 몸을 치어 반동으로 인해 멀리 날아간 상태고, 또 한 여학생은 머리를 치어 즉사하였다고 한다. 이 소식을 접하는 순간 마치 가족이 사고를 당한 것처럼 고통스러웠다. 왜냐하면 대부분의 유학생들은 현지 면담과 비자발급을 위한 대면 혹은 비대면 접촉으로 가까운 사이가 되었고, 유학생활을 하면서 늘 소통하고 조언자 역할을 하는 동안 정이 듬뿍 들었던 자식 같은 학생들이었기 때문이다. 더욱이 주어진 프로그램을 성실히 수행하여 타의 모범이었던 학생이었기에 고통스러웠고, 슬픔의 강도는 이루 말할 수 없을 정도였다.

우선 중국에 거주하고 있는 부모에게 전화로 사고 소식을 알렸으나, 학생의 어머니가 전혀 믿지 않고 가짜전화로 간주하고 있는 상황은 더욱더 가슴을 아프게 하였다. 여러 번의 전화연락 끝에 사고를 인지하게 된 친부모의 고통이 상상되어 그 날은 잠을 이루지 못하고 뜬 눈으로 보낼 수밖에 없었다.

일반적으로 이와 같은 사고의 경우에는 대학에서는 도의적인 책임으로 가볍게 넘길 수 있었으나, 그렇게 아끼던 예쁜 여학생의 주검이 친부모가 느끼는 마음과 같지는 않겠지만 나름대로의 고통이 마음속 깊이 자리 잡고 있었기 때문에 친히 장례를 비롯하여 사고수습에 관여하게 되었다. 사실은 사고를 수습하는 과정에서 동료들로부터 지나치게 관여한다는 비판도 있었지만, 지금까지 유학생들을 유치하기 위해 흘린 땀방울과 유치과정에서 쏟았던 정성과 노력을 고려하면 어떠한 비난도 감수할 있었다.

학생 부모는 입국에 필요한 절차로 인해 사고 5일 후에 입국하게 되었다. 당시 국제교류 책임자로서 부모가 겪고 있을 고통을 생각하여 중국어 담당 교수를 동반하고 인천공항까지 손수 마중을 나갔다. 그런데 부모는 사고의 경위를 정확하게 파악하기 위해서인지 한국어 통역을 위해 조선족 한 명을 대동하고 입국하였다. 만나는 순간 부모는 특별한 대화를 거부하였고 자동차 내에서 그냥 눈물만 하염없이 흘리며 소속대학에 도착하였는데, 사고에 대한 보상이 이루어지기 전에는 절대로 장례를 치룰 수 없다는 통보를 해왔다. 따라서 부모가 신뢰할 수 있는 사고의 정확한 경위 파악을 위해 그리고 보험처리가 공정하게 처리 될 수 있도록 해당 경찰서 교통계를 찾아가 현장 점검도 함께 입회하면서 비교적 공정하게 처리하고 있다는 신뢰를 준 다음 사망보험 처리를 통해 보상금을 최대로 수령할 수 있도록 최선을 다했다. 부모가 입국하고 사고처리와 보험처리를 위해 약 1개월 동안 한국에 머물면서 아버지는 지병이 있었음에도 불구하고 매일 독한 술을 마시기 일쑤였다. 이 광경을 지켜보면서 부모 마음을 이해할 수 밖에 없었다. 필자는 책임자로서 그들이 장례식을 치루기까지 머무는 동안 적어도 하루에 한 번의 식사를 함께하면서 위로했던 것 같다.

마침내 사고처리가 마무리되고 보험금 지급도 결정된 후 장례식을 치르는데, 하문의학전문대학 교수 및 동료 학생들이 빈소를 지키고 대학의 총장을 비롯하여 양부모 및 국제교류 관계자들 그리고 한국의 동료학생들이 참여한 가운데 장례식을 마쳤다. 이

과정에서 부모는 예쁜 딸을 외국에서 교통사고로 잃은 슬픔을 감추지 못했지만 대학의 정성어린 지원(숙소, 음식, 통역, 보험처리 등)에 감동을 받았기에 장례식 후에 진심으로 감사하다는 인사를 반복하였다.

딸의 화장된 영혼을 항아리에 담아 귀국한 부모는 영혼을 달래기 위해 근무하던 철도회사의 기관사 직도 그만두고 아내와 함께 중국 전역을 여행하면서 살고 있다고 한다. 중국의 한족은 대부분 남녀 구분하지 않고 한 자녀를 두고 있기 때문에 부모의 슬픔은 가중되었을 것으로 생각되어 마음이 아팠다.

음악회와 SARS

중국 산둥(Shandong) 성의 성도 제남(Jinan)에 소재한 산동관광대학과 필자의 소속 대학 간 자매결연을 체결하고 학생교류활동이 활발하게 이루어지고 있는 가운데, 산동광광대학의 학생과 교직원을 위해 소속 대학의 주관으로 특별 음악회를 개최하기로 하였다. 당시 중국에서 전염병이 발원되었던 사스(Severe Acute Respiratory Syndrome : SARS)**가 비록 2004년에 종식되었을지

** 중증급성호흡기증후군으로 불리는 이 병은 병원균이 대기를 통해 전염되면서 발생하는 증상으로 38도 이상의 고열이 발생하면서 독감과 비슷한 근육통, 기침

라도 재유행을 방지하기 위해 철저한 방역을 목적으로 모든 중국 내 공항에서는 여행객을 대상으로 발열 점검을 하고 있었다. 발열 점검 결과 신체의 온도가 38도 이상이면 예외 없이 입국이 불허되는 기간이었다.

필자가 소속된 대학의 음악학과 교수와 학생들이 출연하기로 한 음악회는 한국대학의 한국어 연수와 한국어 경시대회 홍보를 위해 계획되었고, 더 나아가 유학생 유치가 목적이었다. 이미 한류와 적극적인 교류활동을 통해 상당수의 학생들이 필자의 소속 대학에서 어학연수와 본과 편입학이 진행되고 있었기 때문에 학생들의 긍정적 입소문과 함께 많은 학생들이 한국에서 유학을 희망하고 있던 시절이었다.

참고로 산동관광대학은 중국 관광산업을 육성하기 위해 중국의 100대 관광특성화 대학으로 선정되어 중국정부로부터 많은 지원을 받고 있었다. 본과는 항공승무원과, 관광학과를 비롯하여 외국어학과가 주를 이루고 있었으나, 특히 한국어 학과가 가장 인기가 많았다.

2009년 5월 산동관광대학 음악회를 위한 일행은 항공편으로 인천공항을 출발하여 중국 제남공항에 도착하였는데, 항공기가 계류장에 도착하자마자 중국 보건성 관계자들이 들이닥쳐 승객 모두를 대상으로 발열 점검을 하였다.

일행 15명중 피아노 담당 선생님이 발열 점검 결과 38도 이상으로 판명되어 입국을 불허한다는 통보를 받았다. 이 순간 음악

등이 동반된다. 또한 중증 환자에게서는 폐렴 증상과 호흡곤란이 일어날 수 있다. 세계보건기구에 따르면 2003년 사스 유행기간 중 전세계에 걸쳐 총 8,096명의 사람들이 사스에 감염되었으며, 이들 중 774명이 사망한 것으로 보고되었다. 사스는 2004년 7월 공식적으로 박멸되었다.

회를 총 지휘하던 필자는 너무 당황하여 말문이 막히고 말았다. 왜냐하면 음악회 시작 4시간 전이었기 때문이다. 산동관광대학에서 중요한 음악회를 개최하는데 피아노 연주할 사람이 없으면 개최가 어렵기 때문에 선처해 달라고 해도 막무가내로 보건소로 연행하여 24시간이 경과된 후 열이 내리면 입국을 허용한다는 내용이 전부였다. 사실 피아노 선생님은 한국에서부터 감기 기운이 있었기 때문에 내심 걱정을 했다고 한다. 이러한 사실을 인지하여 사전에 타이레놀 알약이라도 복용했으면 이와 같은 상황을 맞이하지 않았을 것이다.

어쩔 수 없이 나머지 일행은 공항수속을 마치고 산동관광대학으로 향하면서 자동차 내에서 산동관광대학 관계자에게 전화를 걸어 상황을 설명하고 급하게 피아노 연주를 할 수 있는 사람의 섭외를 부탁하였는데, 이미 음악회 시작 3시간 전이라서 불가능하다는 것이었다.

이 어려운 난관을 극복하기 위해 음악학과 성악 교수와 협의 끝에 음악회 구성원 중 피아노를 전공하는 학생 2명이 좀 부족할지라도 학생들이 피아노를 연주하기로 최종 결론을 내리고 대학 캠퍼스에 도착하였다. 캠퍼스는 이미 교원 및 학생을 비롯하여 가족들까지 질서정연하게 운동장을 꽉 메우고 있었다. 대학총장과 서기장에게 모든 상황을 설명하고, 피아노 연주는 학생들로 대체했다는 내용을 솔직히 전달하였다. 이와 같은 사실을 총장이 직접 관중에게 알리고 이해를 구하며, 드디어 설익은 음악회가 시작되었다.

음악회 첫 순서에서 예상했던 대로 피아노를 연주하는 학생들의 실수로 성악 담당 교수는 어쩔 수 없이 피아노 반주를 따라갈 수밖에 없었다. 음악회를 지켜보면서 내내 가슴을 쓸어내리는 긴

장감이 지속되었다. 그러나 관중들은 이와 같은 피아노 반주 실수를 아는지 모르는지 아낌없는 박수갈채를 보냈다. 아마도 격려의 박수가 아니었을까?

가까스로 음악회를 마치고 숙소로 돌아와서 평가회를 하는데 피아노 연주를 담당했던 학생이 실수하였지만 노련한 성악 전공 교수들의 재치로 무마할 수 있었다고 한다. 이렇게 특별한 문제 없이 음악회를 마칠 수 있었던 것도 퍽이나 다행이라서 피아노를 담당한 학생들을 특별히 격려하였다.

모든 상황이 마무리 되고 난 후 심야에 중국 보건성으로부터 정밀 검사 결과 사스와는 무관하여 다음날 아침에 석방된다는 연락을 받고 편안하게 잠을 잘 수 있었다.

이와 같은 중요한 이벤트는 최소한 하루 전에 도착하여 프로그램을 점검해야 하며, 음악회의 필수적인 악기인 피아노 연주자는 비상시를 대비하여 대체 연주자가 항상 동행해야 한다는 값진 교훈을 얻었다.

조선족의 삶

중국은 세계에서 가장 많은 인구를 보유하고 있는 다민족 국가이지만 약 92%의 인구가 한족이며, 소수민족은 전체 인구 중에서 약 8%에 불과하다. 중국의 55개 소수민족 중에 약 1/4이 중국 전역에 산재해 살아가고 있는데, 소수민족 중 비교적 큰 비중을 차지하고 있는 위구르족, 회족, 몽고족, 장족(티베트), 조선족 등은 자치구, 자치주를 형성하고 있다. 이들 자치구나 자치주를 형성하는 소수민족은 대체로 변방지역에 밀집 거주하고 있다.

중국의 55개 소수민족 중 인구 비중이 적은 민족들을 제외한 나머지 민족들은 고유한 민족 언어를 갖고 있으며, 민족 언어와 중국 표준어가 동시에 교육되고 있다. 중국정부는 소수민족정책에 의해 소수민족지역에 자치 기구를 설립하고, 소수민족 언어를 사용하는 민족교육기관들을 설립하였다.

소수민족 중의 하나인 조선족은 인구가 약 200만 명 정도로 추산된다. 이들은 대개 길림성, 헤이룽장성(Heilongjiang), 요녕성(Liaoning)에 집단으로 밀집하여 거주하고 있으나 연변자치주에 가장 많은 인구가 분포되어 있다.

중국의 소수민족 정책에 의해 조선족 학교에서 한글 교육이 실시되고 있으며, 한민족의 얼과 고유의 문화와 풍습을 지니고 있다. 현재 중국에 살아가고 있는 조선족은 한반도에서 만주로 이주한 사람들로서 대개 이주 2세대에서 4세대 사람들로 구성되어 있으며, 약 100년의 역사를 가지고 있다.

중국 소수민족 중 조선족을 제외한 나머지 소수민족들은 그들 자신의 고유한 역사적 전통과 해당 지역에 오랫동안 거주의 배경을 가진 집단들이기 때문에 그들에겐 특별히 모국이 존재하지 않지만, 조선족에게는 분명히 그들이 떠나온 고향과 모국이 있다. 이과 같은 이유로 우리나라에서는 조선족을 한국 교포로 지칭하기도 한다.

필자가 중국을 방문할 때마다 전해 듣는 것은 중국 55개 소수민족 중 조선족이 가장 총명하고 부지런한 민족이라는 것이다. 또한 생활력이 강하여 소수민족 중 가장 경제적으로 윤택한 삶을 영위하고 있은 것으로 알려져 있다. 이와 같이 강한 민족 정체성을 가질 수 있는 계기는 바로 언어에서 찾을 수 있는데, 언어에는 강한 문화가 동반되기 때문일 것이다.

그러나 산업화와 근대화의 영향으로 많은 젊은이들이 도시로 이주하거나 한국으로 이주하고 있다. 이 때문에 점점 민족의 정체성이 약해지고 자치주의 조선족 인구가 줄어들어 그 자리에 한족이 대체되어 특별 자치구의 본래 취지가 희석되고 있다. 심지어 연변 자치주에는 대부분의 젊은이들이 보다 나은 상황의 경제활동을 위해 도시로 떠나거나 한국에 이주하여 노동을 하고 있기 때문에 나이든 노약자들만 남아 자치주의 운영이 불가능할 정도로 심각한 상태라고 한다.

물론 중국 각처에서 조선족은 중요한 역할의 담당과 함께 당당하게 살아가면서 중국 소수민족의 본보기가 되고 있다는 것은 널리 인정되는 사실일 것이다.

조선족은 분명히 민족의 뿌리가 존재하며 그 뿌리인 대한민국은 세계무대에서 경제 부국으로 성장하였기 때문에 이제부터는 진정으로 교포라는 개념으로 서로가 상생하는 길을 모색해야 할 것이다. 대한민국 정부도 중국 교포를 위한 각종 정책을 펼치고 있지만, 아직도 타국에서 소수민족으로 살아야만 하는 한을 풀어주기에는 부족하기에 보다 현실적인 대책의 정책 수립이 요구되고 있다.

중국 남성의 가사 분담

국가마다 고유의 문화가 존재 하듯이 중국에도 특별한 문화가 존재한다. 우리나라의 남편들은 대체적으로 가정 경제를 책임지기 위해 외부에서 경제활동을 마치고 귀가하면 특별한 경우가 없는 한 부인이 차려준 밥을 먹고 휴식을 취하고, 아침에도 부인이 차려준 맛있는 밥을 먹고 출근하지만, 중국의 남편들은 경제활동과 함께 귀가하여 자신과 가족을 위해 식사를 준비한다.

중국 대학을 방문할 때 종종 대학 총장을 비롯하여 관계자들을 만나 회의를 마치고 귀가시간이 되면 관계자들이 시장에서 요리를 위한 식자재를 구매하는 모습을 볼 수 있었다. 심지어는 총장도 저녁식사 준비를 위해 전통시장에서 찬거리를 구매하는 장면을 보면서 우리나라와 풍습이 다름을 확연하게 느낄 수 있었다. 이런 이유로 인해 식당에서 저녁식사를 하고 난 후에는 가족의 식사를 위해 잔반을 싸서 가져가는 것을 목격하기도 했다.

또한 어느 날 중국의 대학교수 집에 저녁식사 초대를 받았는데 모든 식사 준비를 남편인 교수가 담당하고, 부인은 아이들을 챙기거나 가벼운 청소 등을 하고 있는 것을 목격하고 적지 않게 놀란 적도 있었다.

이와 같은 중국의 문화를 경험하면서 필자도 '식사준비는 부인의 영역이다'라는 전통을 고집하지 않고 기회가 있을 때마다 스스로 식사를 준비하는데 게을리 하지 않았다.

중국의 이와 같은 문화적 풍습으로 인해 대학에서 기숙생활을 하는 중국 국적의 남학생들은 자신들의 식사를 직접 요리하는 것을 당연시 했던 것 같았다. 중국 남학생 자신들이 직접 시장에서 식재를 구입하여 요리하는 모습들의 기억을 더듬어 보면 역시 남자들이 요리를 잘 했던 것 같다.

미를 추구하는 중국의 젊은 여성들

요즘 우리나라에는 의과대학 본과의 전공 선택에 있어서 돈벌이와 지극히 개인의 삶을 중요하게 생각하기 때문에 과거와는 다르게 성형외과나 입원이 필요 없는 안과, 이비인후과 등에 지원자가 몰리지만 정형외과나 내과 지망생이 적어 수술을 위한 의사가 턱없이 부족하다고 한다.

이와 같은 현상은 의사가 수술을 하지 않아도 개인병원이나 의원을 개관하여 쉽게 돈을 벌 수 있고, 또한 많은 여성들이 지나칠 정도로 얼굴이나 신체 일부의 성형을 통해 예뻐지고 싶은 욕구로 인해 수요가 폭발하고 있기 때문이다. 특히 최근에는 남성들도 젊음을 유지하고 아름다운 얼굴 모양을 위한 성형 수요가 점점 증가하고 있다.

실제로 한국 대학생들은 방학기간을 이용하여 쌍꺼풀 수술을 비롯하여 얼굴 미용을 위한 각종 시술을 통해 달라진 모습을 흔하게 볼 수 있었다.

중국에도 한류열풍과 함께 미용과 성형 수요가 폭발하고 있기 때문에 대학에 관련학과 개설이 점점 늘어나고 있는 추세이다. 중국의 여러 대학으로부터 미용과 관련하여 학점 연계프로그램 제안을 받았는데, 하문에 소재한 대학과 광저우에 소재한 대학 간 미용관련 학과의 연계프로그램을 성공적으로 진행하였다. 중국의 대학관계자의 전언에 의하면 중국 정부에서도 학생들의 졸업 후 취업률을 높이기 위해 이와 같은 외국대학과의 연계프로그램을 진행할 경우 대학에 예산을 지원한다고 한다.

미용관련 학점 연계프로그램에 참여하는 중국학생들은 한국 대학의 졸업장과 유학기간 동안 얼굴 마사지, 눈썹문신, 헤어디자인(Hair Design) 등의 민간단체에서 주관하는 민간 자격증을 취득하고 귀국하면 특별대우를 받는다고 한다. 따라서 매년 정기적으로 미용관련 학과의 유학생들이 주관하여 대학 미용 페스티벌(Beauty Festival)을 성대하게 개최하기도 하였다.

미용도 한류열풍의 일부분으로 중국 전역에서 젊은이에게 많은 영향을 미치고 있는 실정이다. 한국에서 유학하는 중국 유학생들은 당시 중국인들이 한국의 미용기술과 더불어 한국 화장품에 매료되어 있는 것을 인지하고 한국에서 화장품이나 미용용품을 대량 구매하여 본국으로 가져가 돈벌이를 하는 경우도 있었다. 이와 같은 경험을 바탕으로 졸업 후 화장이나 미용용품을 위한 무역업에 종사하는 학생도 있었다.

또한 자영업을 하는데 있어서 한국 대학의 졸업증서나 유학중 한국의 민간단체에서 발급된 각종 자격증을 영업장에 비치해 놓으면 고객들로부터 기술을 인정받게 되어 영업에 많은 도움이 된다고 한다.

중국인들의 한류제품에 대한 구매력이 대단하다는 것은 널리 알려진 사실이다. 중국의 기업이나 각종 협회가 주관하는 단체관광객이 한국을 방문하여 면세점을 방문할 경우 싹쓸이 구매로 인해 일시적으로 상품이 품절되는 경우도 있다는 것은 심심치 않게 뉴스화 될 정도였다.

코로나 19 직전의 국적별 관광객 통계에 의하면 일본관광객을 제치고 중국인들이 차지하는 비중이 으뜸이었다. 이와 같은 현상은 정치권에서도 인지되어 국익을 우선하는 정책과 전략이 우선적으로 수립되어야 할 것으로 생각된다.

성도 미용대학 방문

중국 속의 북한인들

외국을 여행하다 보면 심심치 않게 북한인들을 만날 수 있었다. 맨 처음 해외여행을 할 때에는 국정원(당시 안기부)으로부터 북한인을 만났을 때 대처하는 방법에 대한 교육을 이수해야 했던 적이 있었다. 요즘은 해외여행이 보편화 되고 글로벌화의 영향으로 세계 어디에서도 북한인들을 만날 수 있다.

북한 식당의 종업원

북한 식당 종업원의 마술공연

중국의 대도시에는 대부분 북한 식당이 영업을 하고 있기 때문에 특별한 경우를 제외하고 자유롭게 방문하여 북한 음식을 맛볼 수 있다. 그런데 북한의 특별한 정치적 이념으로 인해 모든 식당의 종업원은 정치적 성분이 우수한 사람들로서 우리나라의 연예비자에 해당하는 비자를 발급받아 특별히 파견된 인재들이라고 한다. 이들 역시 간부의 감시와 함께 단체생활로 활동이 제한되어 있다.

그러나 식당을 방문하여 음식을 주문할 경우 일반 식당과 다를 바 없다. 식당 종업원들은 식사 서비스를 제공하지만 일정한 시간에 맞추어 모두 연예인처럼 각종 악기 연주와 함께 춤과 노래로 특별 공연으로 흥겹고 아름다운 무대를 장식하기도 한다. 공연에는 북한 가요, 한국의 유행가 그리고 중국인을 위한 중국 가요도 프로처럼 흥겹게 불러주어 식당 고객들이 즐거운 가운데 식사를 할 있도록 한다.

북한 식당을 방문할 때마다 종업원을 마주하면서 매번 동질감을 느낄 수 있었고, 북한 종업원 역시 표현할 수 없는 표정을 통해 같은 민족임을 확인할 수 있었다.

북한음식을 좋아하기 때문에 중국 장춘시에 소재하는 어느 북한식당에서 식사를 하면서 발생되었던 상황을 소개하고자 한다.

북한 식당에서 주문한 음식을 먹고 있는데 갑자기 술이 취한 중국인 손님이 북한 종업원을 향해 고함과 함께 욕설을 퍼부었고, 해당 종업원은 한껏 위축되어 눈물을 흘리고 있었다. 이를 목격한 필자가 큰 소리로 종업원의 서비스가 정상이라는 말과 함께 그 중국인을 나무라면서 상황이 종료된 적이 있었다. 이 때 북한 종업원은 필자에게 감사의 마음을 전하며 눈시울을 적셨다. 이러한 상황의 적절한 대처로 뿌리가 같은 동일 민족이라는 감정을 숨길 수 없을 정도로 흥분된 기분을 지금도 잊을 수 없다.

또한 선양에 소재 한 대학의 축제에 초청을 받아 파티에 참석한 적이 있었는데, 선양 주재 북한 총영사관의 영사와 관계자들이 초청되어 담소를 나눌 수 있는 기회가 있었다. 스탠딩 칵테일파티(Standing Cocktail Party)***가 진행되는 동안 필자는 의도적으로 북한 총영사에게 다가가 자신을 소개하고 담소를 나눈 적이 있는데 처음에는 격의를 무시하고 들이대는 필자를 경계하였으나, 현지 대학 관계자와 함께 이야기를 나누면서 편안하게 대화를 이어갈 수 있었다. 역시 동족이라는 감정이 가슴속 깊이 스미는 느낌이었다. 그러나 정확한 이유는 파악되지 않았으나, 후일에 그 때 만나 편안한 대화를 했던 북한 총영사가 행방불명되었다는 소식을 뉴스를 통해 전해 듣고 무척이나 슬펐다.

랴오닝대학 개교 60주년 행사에서 북한총영사와 함께

*** 선 채로 파티가 진행되는 행사로 주로 칵테일과 간단한 핑거푸드(Finger Food)가 제공되어 칵테일과 함께 돌아다니면서 담소를 나눌 수 있는 파티이다.

나중에 알게 된 사실은 북한 공관원들은 지역 기관이나 단체 행사에 초청되면 공관원 모두 참석하여 특별히 제공되는 식사를 함께 즐긴다고 한다. 아마도 넉넉하지 못한 예산으로 인해 맛있는 음식의 섭취가 불가능했던 것이었을까?

손님 환대 문화

중국을 다녀온 사람은 이미 인지하고 있겠지만, 중국인들의 접대 문화는 독특하다.

전세계에서 가장 다양한 메뉴를 보유하고 있는 중국은 풍부한 식단을 중심으로 외부 손님에게 최선을 다해 접대하는 풍습이 있다. 일단 중국인에게 초청되어 만찬에 참석하게 되면 관계자들의 좌석이 서열대로 정해지는데 보통 원탁테이블(Round Table)의 경우 초청자가 가장 중심에 착석하고 초청자의 마주앉은 쪽이 피초청자의 상석이 되어 초청자와 피초청자 각각 오른쪽, 왼쪽을 번갈아 가면서 좌석 서열이 결정된다.

만찬에는 반드시 술이 동반되고, 일반적으로 중국인들이 선호하는 모태주(보통 30~50도의 알코올)가 식단에 제공되는데, 중국 풍습은 잔에 가득 따른 술은 한 번에 마셔야 한다. 주문한 음식이 차례로 제공되면서 우선적으로 초청자와 관계자들이 순서대로 술을 권하면 모두가 원샷(한 번에 잔을 비우는 것)으로 술을 마시고, 다음은 피초청자와 관계자가 순서대로 술을 권한다. 이와 같이 참석자들이 권한 술을 모두 마시면 취할 수밖에 없으며, 술과 함께 만찬이 진행되는 동안 양측의 현안은 거의 해결되기도 한다.

한국에서의 친구라는 개념은 보통 나이가 같거나 비슷한 경우를 말하지만, 중국은 친구(朋友 : 펑요우)의 개념이 약간 차이가 있어 나이가 10년 이상 차이가 있어도 친구라고 한다. 두말 할 나위 없이 술과 함께 만찬이 진행되면서 서로가 친구가 되어 가까운 사이로 변하게 된다.

필자는 수많은 중국인들과 만찬을 하면서 대화중에 경험하게 된 것은 일단 중국인들은 대화중에 고사성어를 적절하게 인용하면서 대화를 이끌어 간다. 사회주의 물이 듬뿍 들어서인지 대화를 주도적으로 인도하는 능력이 한국인보다 탁월하다는 것을 느꼈다. 나중에 인지한 사실이지만 중국인들은 손님과 만찬을 할 경우 손님이 술이 취하는 모습을 보면서 즐거워 한다는 것이다. 따라서 만찬에 초대될 경우에는 특별한 경우가 없는 한 술이 함께 제공되기 때문에 만약 술을 마실 수 없으면 사전에 알리는 것이 바람직하다.

그러나 관계개선을 목적으로 술을 마실 경우 때로는 지나칠 정도로 술을 많이 권하는 경우도 있다. 필자가 2011년 창사에 있는 대학을 방문했을 때 국제교류 관계자들이 만찬을 준비하고 우리 일행을 초대했는데, 양측의 대화가 너무 긍정적으로 이어가면서 제공된 술(알코올 도수 약 50도 정도의 민간인이 담근 술)을 마시면서 양국 간 대결이라도 하듯이 맥주잔으로 마신 후 정신을 잃은 경험이 있다. 만찬은 종료되었지만 참석자들 모두가 독주를 마시고 정신을 잃었기 때문에 대부분 대학병원으로 긴급 이송되었다고 한다. 정신을 차린 시간이 오후 11시 30분쯤이었던 것으로 기억되는데, 눈을 뜨는 순간 무척이나 고통스럽고 당황스러웠다. 양쪽 손은 병원 침대에 묶여 있었고, 바로 옆에 중국 대학의 국제교류 관계자와 총장과 부총장이 지켜보고 있는 것이었다.

나중에 알게 된 사실은 만찬 중 독주로 인해 쓰러졌다는 긴급한 상황이 현지 대학의 총장과 부총장에게 보고되어 인근 대학병원 응급실로 이송되었는데, 총장은 술 해독을 위한 가장 강력한 주사를 투약하도록 특별히 지시하였다고 한다. 병원관계자의 증언에 의하면 필자가 독주로 인해 고통을 호소하며 움직여 링거(Linger)주사를 맞을 수 없었기 때문에 침대에 손을 묶었다고 한다.

옆에 함께 술을 마셨던 동료의 말을 빌리면 만찬을 하면서 독한 술을 맥주잔으로 거의 5잔 정도를 마시고 쓰러졌다고 한다. 다행스럽게도 중국 대학의 총장을 비롯한 관계자들의 신속한 대응으로 응급실로 이송되어 회복 후 새벽에 호텔로 돌아왔는데, 접대를 받으면서 지나친 과음으로 인해 추태를 보인 것 같아 얼굴을 내밀 수 없을 정도였다. 가까스로 정신은 돌아왔지만 새벽까지도 정신이 혼미한 상태였으며, 오전에 창사공항으로 이동 직전 국제교류 책임자를 만나 정중하게 사과를 하였다. 그런데 이와 같은 사건으로 인해 관계가 단절될 것으로 예상을 했으나, 이상하게도 중국의 해당 대학과 각종 프로그램을 진행하면서 가장 활발한 교류가 이루어졌다. 역시 '음주와 연계된 교류는 돈독한 관계를 유지할 수 있다'는 중국의 특별한 풍습을 경험할 수 있었다.

이와 같은 잊지 못할 경험으로 인해 필자는 접대를 하거나 초대되어 술을 마시는 자리에서는 절대로 선을 넘지 않았고 아직까지 그 깨우침은 지속되고 있다.

이춘시 명월산의
아찔한 절벽 보도

아름다운 캠퍼스의
이춘대학 본관

10

사랑과 교육

Love & Education

어린이는 사랑을 먹고 산다

우리나라의 어린이에 대한 교육방식은 서양과 전혀 다르다. 서양은 유년기부터 우뇌 발달에 많은 관심을 기울이고 있기 때문에 어린이들에게 이성적이고 계산적인 뇌의 발달보다 인간성과 밀접한 관계가 있는 감성을 가르치기 위해 모든 프로그램이 제공되고 있다.

1980년대에 스칸디나비아(Scandinavia) 반도의 복지국가로 알려진 스웨덴(Sweden)을 방문하였을 때 유년기 아이들의 교육현장을 견학할 수 있었는데, 당시 놀랍게도 한 명의 교사가 2명 또는 최대 4명의 어린이를 돌보는데 하루 일과가 공원이나 넓은 공간에서 놀아주는 것이 전부였다. 아이들의 합리적이고 이성적 판단을 위한 교육으로 의견이 무시되는 우리나라 유치원 시스템과 전혀 다른 방법으로 프로그램이 운영되고 있었다.

서양 어린이들은 우뇌가 담당하고 있는 감성과 통찰력 등과 관련된 내용으로 일과가 편성되어 진행되는데, 그 과정에서 아이들은 선생님과 교감하면서 자연의 현상과 법칙을 이해하고 존재의 가치를 우선적으로 깨우치게 한다. 그리하여 서양 아이들은 우리나라 아이들에 비해 암산으로 계산하는 능력이 놀라울 정도로 부족하다. 그러나 계산능력은 부족할지라도 자연을 이해하고 선생님과의 진실한 사랑, 친구와의 우정, 인간성과 인간의 존엄성을 배우면서 성장하기 때문에 독립적인 삶을 영위할 수 있는 원동력을 마련하고 자신의 문제를 스스로 해결하면서 살아 갈 수 있는 지혜를 터득한다.

요즘 우리나라 아이들은 부모의 적극적이고 과도한 욕심으로 예능, 수학, 외국어 등 다양한 분야의 교육을 집중적으로 받으면서 좌뇌 발달에 적지 않은 에너지를 투입하고 있다. 따라서 이와 같이 유년시절의 과도한 집중 교육은 자연으로부터 배울 수 있는 것들을 소홀히 하게 됨으로써 감정과 통찰력을 담당하는 우뇌 발달의 기회를 놓칠 수 있다.

지나치게 좌뇌가 발달한 우리나라 어린이들은 세계 수학경시대회나 기능대회에 언제나 우수한 성적으로 입상을 하고 있으나, 서양 교육방식은 수상을 위한 일방적인 교육보다 인간 존엄성에 대한 가치를 정확하게 이해하고 자신의 인격이 손상되지 않는 범위에서 모든 활동이 진행될 수 있도록 하는 것이다.

4년마다 개최되는 하계 및 동계 올림픽에서도 대부분 선수들은 자신의 종목을 위해 혹독하게 집체 훈련을 마친 후 올림픽 게임에 도전한다. 올림픽에서 수상은 개인은 물론이고 소속 국가의 영광이기도 하지만, 일부 국가에서는 선수가 도전하는 종목에만 집중하여 훈련하는 것이 아니고 정상적인 성인교육을 진행하면서 특별히 취미의 범위 내에서 훈련하고 출전하는 것을 원칙으로 함으로써 균형 있는 교육으로 인성을 유지시키기 위해 최선을 다하고 있다.

최근 우리나라도 정규 학교에서 주입식 교육을 탈피하려는 시도와 인성교육에 비중을 두고 있으나, 아직도 인성과 관련된 교육이 부족한 실정이다. 그러나 다행인 것은 분명히 우리나라에도 어린이들의 교육이 점점 서양의 시스템처럼 변화하고 있다. 이와 같은 불균형적인 교육 프로그램에서 벗어나 자연과 인성을 지향하는 교육방식으로 아이들이 남을 배려하고 사랑하는 마음을 스스로 터득하는 교육을 실천하고 있는 어느 사설 교육기관의 교육방식을 소개하고자 한다.

대전시에 소재하고 있는 한 사립학원에서 어린이들을 대상으로 정규교육과는 전혀 다른 방법으로 함께 독서하며 자연의 이치를 깨닫게 하면서 사랑을 위한 하이터치(High Touch) 방식으로 학생들에게 최우선적으로 인성을 가르치면서 어린이 교육에 전념하고 계신 분이 있다. 바로 어린이 교육에 대한 특별한 사명감을 실천이나 하고 있듯이 아이들의 인성교육에 최선을 다하고 있는 송 원장님이다.

필자가 2019년에 송 원장이 손수 가르치고 있는 초중학교 30여 명의 어린이들과 함께 해외 탐방을 위한 유럽방문에 동행한 적이 있다. 아이들 대상으로 하는 송 원장의 특별한 교육철학을 현장에서 경험하면서 아이들 교육방식의 중요성을 깨닫게 되었다. 아이들에게 주입식 교육은 철저히 배제하고 아름다운 인성과 배려 그리고 사랑을 몸소 실천하면서 삶의 기초가 되는 인성을 가르치고 있었다. 그 결과 아이들의 두 눈에 비치는 천진난만한 모습에서 진실한 동료애와 사랑을 확인할 수 있었다. 여기에는 송 원장의 특별한 교육철학이 숨어있었고, 어린이들에게 자신의 소중함과 존재감을 심어주기 위해 부단히 노력한 결과라고 한다.

아이들에게 모든 일들을 스스로 문제를 해결할 수 있도록 하고, 남을 배려하고 자신을 낮출 수 있는 삶의 지혜를 아이들 스스로 깨우치도록 하는 특별한 가르침이었다. 즉, 송 원장은 아이들이 성인이 되어 독립적으로 문제를 해결하고 주어진 상황에 유연하게 대처할 수 있는 능력과 인성이 무엇보다 중요하기 때문에 이러한 근본적인 교육이 전제되어야 한다는 확고한 교육철학 이념이 자리 잡고 있었다.

사실 아이들과 함께 여행하면서 이와 같은 교육의 결과로 대부분 초등학교 학생들이지만 특별히 보호해야 하거나 돌봐야 하는 경우는 없었던 것 같다. 오히려 성인인 필자가 아이들을 통해 순수한 사랑을 경험할 수 있었고, 송 원장의 지혜로운 교육철학을 이해하면서 많은 것을 배우고 여행을 마쳤던 것 같아 퍽이나 행복했다.

송 원장의 전언에 의하면 아이들이 유년시절의 주입식 교육으로 인해 사회성이 부족한 아이일지라도 송원장이 직접 설계한 교육프로그램을 통해 아이들이 인성 형성에 많은 변화를 가져와 아이들의 부모들로부터 절대적인 신뢰를 받고 있다고 한다. 우리나라 공교육도 송 원장의 교육철학이 현장 프로그램에 깊이 스미어 진정한 인성교육을 통해 잘 사는 사람보다 올바로 살아가는 인재가 배출될 수 있길 기대해 본다.

아무리 우수한 대학을 졸업하고 사회에 진출했을지라도 살아가는 지혜를 터득하지 못하고 아름다운 인성이 확립되지 않았다면 진정한 모습의 성공한 사회인으로 살아갈 수 없을 것이다. 따라서 자연의 섭리를 이해하고 서로가 더불어 살아가는 세상의 기본적인 원리를 토대로 하는 서양 교육철학을 깊이 숙고하여 우리나라 교육의 우선순위가 무엇인지부터 정확하게 인지해야 할 것이다.

필자도 20여 년 이상 교육자로서 고등교육 기관에서 학생들을 가르치는 동안 학생들의 언행이나 태도에 많은 관심을 갖고 지켜봤다. 학생들을 가르치고 진로에 대한 상담을 하면서 몸소 느낀 것은 초등교육과정에서 형성된 인성이 성인으로서 살아가는데 얼마나 중요한 것인지를 인지하게 되었다.

따라서 우리나라 교육시스템이 파괴적으로 혁신되고 지식전달을 위한 교육을 탈피하여 지혜와 인성을 위한 교육으로 빠른 시일 내에 전환되어야 할 것이다. 교육이 혁신적 시스템으로 전환되기 위해서는 부모와 교육당국, 그리고 사회가 혁명적으로 함께 변해야 한다. 언어가 다르고 피부색이 다를지라도 유년시절 부모의 언행과 교육의 지향점이 아이들의 미래가 결정되기 때문에 유년시절의 부모교육도 매우 중요하다.

최근 사회적으로 물의를 일으키는 범죄 대부분은 무조건적 성공위주 교육의 산물일 것이다. 나만을 위한 사회, 남의 불편을 이해하지 못하는 사회, 남의 불행이 나의 행복이라는 단순한 생각, 부의 축척이 최종 목표인 사회가 각종 범죄를 양산하고 있지 않는가? 이와 같은 현상은 특정인의 실수나 잘못이 아니라 우리 모두의 공동 책임일 것이다.

결론적으로 어린 시절부터 좌뇌와 우뇌가 균형을 이루며 성장할 수 있는 교육시스템이 마련되어야 하며, 인성이 우선시되는 교육은 가슴에서 우러나오는 사랑이 끊임없이 소통되어야 아름다운 세상을 함께 만들어 갈 수 있을 것이다.

이와 같은 관점에서 앞에 소개했던 남다른 교육철학으로 아이들에게 삶의 지혜를 가르치고 있는 송 원장의 교육프로그램에 감동을 받았다.

11

우크라이나의 시련

Ukraine

우크라이나 전쟁

우크라이나는 러시아(Russia)의 서쪽 흑해 연안에 위치한 국가로서 1991년 소련 연방국으로부터 독립하였으며, 독립국가연합의 가입국이다. 독립 후 소련 연방의 국영 경제와 사회주의를 신속히 개혁하지 못한 탓으로 생산의 감소, 인플레이션(Inflation), 실업의 증가 등으로 많은 시련을 겪기도 하였다.

우크라이나인이 전체 인구의 70%이상을 차지하고, 중공업과 농업의 의존도가 높은 편이다. 대량의 철과 강철을 생산하는 철금속 산업이 도네츠(Donetsk) 분지에 자리 잡고 있다. 비옥한 흑토로 겨울밀과 사탕무의 주요 생산국이다.

우크라이나는 동유럽 평야의 대부분을 차지하고, 평균고도 175m의 평원으로 이루어져 있다. 중부 지방은 대부분 저지대로 이루어져 있으며, 북쪽에서 남쪽으로 드니프로 강(Dnieper River)이 통과한다. 흑해(Black Sea)와 아조프해(The Sea of Azov) 사이에 있는 아름다운 휴양지 크림반도(Crimean Peninsula)의 남쪽 연안에서 시작되는 크림산맥은 나란히 뻗은 3개의 줄기로 이루어져 있다.

2012년 2월에 모스크바(Moscow)를 경유하여 우크라이나를 방문하였을 때 우크라이나 민족이 성실하고 친절하다는 느낌을 받았다. 동부의 일부를 제외하고 대부분 국토가 평야지로 이루어져 각종 곡물(해바라기, 밀, 보리, 콩 등)을 재배하는데, 그 규모가 장관이었다. 이와 같이 비옥한 땅에서 수확한 곡물은 전세계로 수출되어 농업국가로서의 명맥을 이어가고 있었다.

사실 우크라이나는 전세계, 특히 아프리카와 중동지역에 곡물을 수출하는 식량의 공급 국가이다. 그러나 2022년 2월부터 시작된 러시아와 전쟁으로 인해 곡물을 수출하지 못하기 때문에 전세계의 곡물가격이 폭등하여 대 혼란을 일으키기도 하였다. 우리나라도 식량의 자급률이 25%밖에 되지 않기 때문에 예외일 수 없어 향후 식량안보를 확보할 수 있는 대책이 마련되어야 할 것이다.

비록 2022년 10월 현재 러시아와 전쟁을 하면서 천문학적 경제손실과 인명피해를 입고 있지만, 늘 마음속에 우크라이나는 광활한 영토에 농업 위주로 살아가는 평화로운 나라로 기억되고 있다. 그럼에도 불구하고 NATO(북대서양조약기구) 가입 시도로 인해 러시아를 자극한 결과 러시아의 일방적인 침략으로 전쟁이 시작되었다.

러시아의 명분 없는 침략은 유럽 국가는 물론이고 전세계 지도자들에게 적개심을 불러일으켰으며, 세계경제 불황의 요인이 되었다. 그러나 세계 제1의 군사강국인 러시아가 우크라이나를 침공하여 우크라이나 일부 영토를 러시아로 병합시키고자 하였으나, 우크라이나의 젤렌스키 대통령(President of Jellensky)의 과감한 리더십(Leadership)과 국민의 절대적인 신뢰는 러시아의 침략에 거세게 대항할 수 있는 원동력을 제공하였으며, 러시아의 정당하지 못한 침략에 미국은 분노하였고, 우크라이나 우방국의 끊임없는 무기지원은 러시아의 야욕을 분쇄시키고 말았다. 우크라이나는 과거 소비에트(Soviet)연방 국가였기 때문에 러시아와 사회문화적 교류가 활발히 이루어지고 있는 우방 국가였다.

2014년 우크라이나 영토인 크림반도(Crimean Peninsula)를 막강한 군사력으로 강제로 병합한 경험으로 우크라이나의 동부에 있는 일부 영토를 또 다시 러시아로 병합하기 위한 과욕으로 시작된 전쟁은 우리에게도 많은 교훈을 주고 있다. 흑해 연안의 크림반도는 아름다운 휴양지로 우리나라가 남북으로 분단된 원인을 제공한 강대국[소련의 스탈린(Stalin), 미국의 루스벨트(Roosevelt) 대통령, 영국의 처칠(Churchill) 수상]의 얄타회담(The Yalta Conference)이 개최되었던 곳이다.

우크라이나 침공으로 인해 부정부패로 얼룩진 러시아의 정치 상황이 전 세계에 알려졌고, 그 부정부패의 원인으로 러시아 경제가 무너져 세계 제1의 군사강국이라는 지위도 거짓이었음이 여실히 들어나고 말았다. 비합리적인 침략으로 인해 서방국가의 강력한 제재에 맞서 푸틴(Putin) 러시아 대통령은 공공연하게 핵무기를 사용하겠다는 위협적인 말을 내뱉고 있다. 또한 전쟁에서 불리할 경우 국제적으로 집단적 인명살상을 막기 위해 사용을 금지하고 있는 폭탄까지 아랑곳하지 않고 우크라이나 민간 거주 지역에 투하였다. 푸틴 대통령은 절대로 용서받지 못할 반인륜적 전쟁 범죄자이며, 살인자임에 틀림없다.

경제적으로는 자본주의를 표방하고, 정치적으로는 사회주의 체제로 국민의 자유를 억압하는 체제의 러시아 미래는 불투명할 뿐이다. 양국의 전쟁에서 포로가 된 러시아 어느 군인의 인터뷰(Interview) 내용은 세계인들을 경악하게 하였다. 러시아 한 전쟁 포로는 "전쟁이 아니라 지휘관의 명령으로 우크라이나 국경에서 훈련 중이라 생각하고 포탄 사격을 하면서 이동하던 중 우크라이나 군인에게 포로로 잡혔다."라고 폭로했다. 즉, 러시아 군인들은 전쟁에 대한 구체적인 내용과 목적을 전혀 인지하지 못한 상태에서 우크라이나를 침공한 것이었다. 이 같은 결과는 러시아 군인들로부터 군부와 정치집단은 신뢰를 잃었으며, 군인들의 사기를 저하시켜 무기를 버리고 탈영하는 군인들도 발생하였다는 사실이 밝혀졌다. 전쟁 초기에는 단 며칠 내에 우크라이나의 항복을 받아낼 수 있다는 자신감으로 침공하였으나, 전혀 다른 결과를 초래하였다. 에너지와 핵을 무기로 자만심에 빠져있는 러시아 지도자들은 도대체 인간의 존엄성을 염두에 두고 있는 것일까?

러시아 국토면적은 우리나라의 약 170배 이상으로 세계에서 가장 넓은 국토를 보유하고 있음에도 불구하고 주변국의 영토를 침범하는 행위는 지나친 과욕일 뿐이다. 러시아의 이와 같은 행위는 정치지도자인 푸틴 대통령의 오판에서 비롯된 것이 틀림없다. 서방의 경제적 제재로 인해 러시아는 디폴트(Default)*가 선언되어 금융거래가 금지되고 사회적 교류가 제한되는 등 신 냉전체제의 부활이 예상되고 있다.

우크라이나에 상륙한 한류

우크라이나가 소련연방의 독립국가로서 자본주의 체제를 구축하면서 신자유의 물결이 거세지고, 인터넷(Internet)과 SNS(Social

* 채무자가 공사채나 은행융자, 외채 등의 원리금상환 만기일에 지불채무의 이행 불능 상태를 의미한다.

Network System) 등 통신이 글로벌(Global)화 되면서 젊은이들을 중심으로 급속도로 문화가 개방되기 시작하였다. 우리나라는 1997년 외환위기를 맞이하였으나, 전 국민이 한마음 한뜻으로 정부정책에 호응하였고 슬기로운 극복으로 재기하면서 경제적 성장이 지속되어 경제 강국으로 성장하였다.

우크라이나 대학생들의 아이돌 댄싱

K-POP 한글학교 교류협정식

이와 같은 튼튼한 경제를 바탕으로 한국 문화의 글로화도 함께 추진된 결과 한국 문화가 세계로 퍼져나가 '한류'라는 단어가 탄생하게 되었다.

아마도 독자 여러분도 해외여행을 하면서 한류의 힘을 몸소 체험했을 것이다. 우크라이나에도 2000년대에 예외 없이 한류가 상륙하여 수많은 젊은이들의 마음을 자극하기 시작하였다.

필자는 우크라이나에 한류가 상륙한 것을 파악한 후 선제적으로 대학교류를 위한 목적으로 우크라이나를 방문하였고, 현지 한국어 교육기관 관계자들과 대학관계자들을 만나 교류에 대한 협의를 하게 되었다. 당시 한국어 교육기관을 방문하면서 우크라이나에 상륙한 '한류'를 직접 확인할 수 있었는데, 생각했던 것 이상으로 한류 힘이 대단함을 몸소 느낄 수 있었다.

우크라이나의 한식당

우크라이나는 과거 소련연방국이었기 때문에 우리나라와는 특별한 정치적 교류가 없었던 국가이기도 하다. 그러나 국제사회에 독립국가로 인정받게 되면서 한 때 우리나라 산업경제의 중추적인 역할을 담당했던 대우그룹을 비롯하여 대기업들의 적극적인 동유럽 진출로 말미암아 우크라이나에 자동차와 가전제품이 수출되어 선풍적인 인기를 끌었던 적도 있었다.

비록 정치적인 교류는 없었지만 대한민국이라는 국가를 적대시 하지 않았으며, 오히려 우리나라의 경제적 성장을 부러워하는 경향도 있었다. 1992년 2월 수교와 함께 12월에는 대사관이 정식으로 개관된 이래로 대기업의 우크라이나 진출로 인해 지사가 운영되기 시작하면서 중소 자영업들이 진출하게 되었고, 사회적 교류가 이루어지면서 우리나라와 점점 친밀한 유대관계를 맺게 되었다.

특히 대우는 1990년대 정부의 북방정책과 동유럽의 독립혁명을 계기로 동유럽과 중앙아시아에 대거 진출하면서 우크라이나에도 대우그룹 관련 지사가 설립되어 당시 대우의 가전제품과 자동차 등이 대량으로 수출되어 많은 인력이 파견되었다. 그러나 이와 같은 시장의 호황은 오래가지 않았다.

그룹의 문어발식 확장으로 대우그룹의 자산규모가 급격하게 늘어났으며, 심지어 1997년 금융위기가 발생했을 당시에도 기업 확장은 지속되어 쌍용자동차를 인수했고, 그 결과 1998년에는 삼성을 제치고 재계 순위 2위를 차지하였던 대우그룹이 무모한 기업의 확장으로 막대한 부채의 만기가 돌아오면서 자금난에 봉착하였고 엄청난 규모의 분식회계가 드러나면서 부도를 맞게 되었다. 그 결과 2000년 주요 계열사가 워크아웃(Workout)**에 들어가 대우그룹은 공중분해 됐다.

그 당시에 동유럽에 파견되어 수출의 견인차 역할을 담당했던 많은 대우그룹의 관계자들이 갑작스런 부도로 귀국하지 못하고 현지에 남아 소규모의 자영업이나 식당을 경영하면서 과거의 명

** 기업의 경영이 부실해졌으나 회생할 가능성이 있는 기업에게 회생을 목적으로 채권 금융기관이 구체적인 협약에 따라 조건부로 협조 금융을 제공하는 제도이다.

성은 뒤로 한 채 어렵게 살아가는 경우도 있었다. 위에서 서술한 대우그룹의 이야기는 필자가 우크라이나 방문 당시 어느 한식당 주인이 들려준 내용임을 밝혀둔다.

식당 주인은 대우그룹의 지사장으로 파견되어 시장을 개척하고 밤낮을 가리지 않고 현지의 관계자들과 접촉하면서 비교적 많은 수출 계약을 성공적으로 이루었다고 한다. 그러나 어느 날 느닷없이 부도라는 통보를 받고 큰 충격을 받았다고 한다. 그 후 국내의 경제적 불황으로 인해 귀국하지 않고 현지에서 한식당을 운영하고 있었다.

그러나 최근 한류의 영향으로 인해 현지인들이 한식당을 찾기 시작하고, 한국 관광객이 점점 늘어나면서 부지런히 노력한 결과 비교적 영업이 활성화 되었으나, 2019년 코로나 19 전염병 확산과 최근 러시아 침공으로 인해 다시 한 번 쓰라린 시련을 겪게 되었다.

12

통제된 사회 러시아

Russia

KGB의 감시

러시아는 과거 소비에트(Soviet) 연방으로부터 독립한 중앙아시아와 동구권 국가 일부를 간접적으로 통제하여 종주국 역할을 담당하고자 채찍과 당근을 번갈아가며 은근히 괴롭히고 있다.

2014년 우크라이나(Ukraine) 크림반도(Crimean Peninsula)를 침공하여 러시아 영토로 편입한 바와 같이 친러 성향의 우크라이나 동부의 일부 주를 해방시킨다는 이유로 2022년 2월 우크라이나 영토를 침공하였다. 그러나 세계 최강의 군사력 보유국가로 알려져 있었지만 오랜 세월동안 정치 지도자들의 부정부패로 인한 예산 부족과 군인들의 기강해이 등으로 우크라이나의 강력한 저항에 부딪쳐 고전을 겪고 있다.

필자는 러시아 역사에 밝은 편은 아니지만 과거 많은 문인들을 배출하고 유명한 예술가들을 탄생시킨 아름다운 국가로 기억하고 있었으나, 정치지도자들의 탐욕에서 비롯된 사회적 통제, 약소국가들의 군사적 위협 등을 경험하면서 그 찬란하고 아름다운 국가의 이미지가 사라지고 있다.

세계에서 가장 넓은 면적의 국토(1,709만㎢, 남한의 170배)를 보유하고 최강의 군사력을 자랑하는 러시아는 과거 소비에트 연방시절 사회주의 잔재가 남아있는 듯 겉으로는 만주주의의 형태를 갖춘 정치를 표방하고 있으나, 사회의 시스템 내부를 살펴보면 은근히 정부조직에 의해 통제되고 있다는 것을 느낄 수 있다.

2007년 5월 국제교육진흥원에서 주관하는 블라디보스토크(Vladivostok) 해외유학박람회에 참가하기 위해 러시아 극동의 중심지이며 프리모르스키(Primorsky) 지방의 행정중심지인 블라디보스토크를 방문한 적이 있다. 블라디보스토크는 우리나라와 비교적 가깝기 때문에 양국 간의 교역이 활발하게 이루어지고 있는 도시로 시베리아(Siberia) 횡단 철도의 출발지이기도 하다.

특히 블라디보스토크는 중국, 북한과 러시아 3국이 만나는 지역이기 때문에 국제무역, 관광이 빠른 속도로 발전하고 있다. 주된 산업은 러시아가 태평양을 진출할 수 있는 모항이기 때문에 조선업과 고래, 명태, 게 등의 어업과 어류 가공업 등이 발달해 있다. 지리적 특성으로 이곳에는 많은 고려인들이 이주하여 살아가고 있다.

유학박람회가 개최되는 동안 극동연방대학교와 블라디보스토크 경제대학을 방문하여 국제교류에 대한 협의와 자매결연 협정을 체결하기도 하였는데, 대학은 각종 국제 세미나나 심포지엄(Symposium)이 개최될 정도로 국제적인 표준에 어울리는 행정 시스템이 지원되고 있었다.

지리적으로 가깝고 한류의 영향 탓이었던지 많은 학생들이 한국 유학을 희망하고 있었다. 대학 관계자 및 총장들도 교류가 적극적으로 진행될 수 있도록 지원하겠다고 하였다. 후일에 자매대학으로서 각종 이벤트를 통해 교류가 활발하게 진행되기도 하였다.

유학박람회를 마치고 귀국길에 블라디보스토크 공항에서 출국 수속을 진행하는 동안 출국수속에 대한 내용을 문의하는 과정에서 정복을 착용한 미모의 여성 보안원이 사무실로 필자를 연행한 후 개인 정보를 바탕으로 출국과 아무 상관이 없는 내용(러시아에 머무는 동안 방문한 지역, 숙소, 방문 이유, 러시아에서 만난 사람 등)으로 약 30분 동안 조사를 당한 적이 있었다. 당시에는 잘 몰랐지만 나중에 알게 된 사실은 공항에는 정부 보안원이 항상 대기하면서 수상하다고 생각되는 사람을 대상으로 연행하여 조사를 한다고 한다. 즉 필자가 보안원 눈에 수상한 사람으로 보였던 것이다.

예상하지 못한 상황에 당황하여 조사에 성실히 임하였으나, 조사의 이유를 물어보아도 정확한 대답은 해주지 않아 러시아 사회주의 통제시스템의 잔재일 것이라는 추측만 할 뿐이었다. 따라서 러시아를 여행할 때에는 언제나 주변에 감시원들이 있다는 것을 상기시키면서 언행에 신중해야 하며, 특히 정치와 관련된 대화는 삼가는 것이 바람직하다.

카잔연방대학

카잔(Kazan)연방대학은 러시아연방의 타타르 공화국(Republic of Tatarstan)의 수도에 소재한 대학으로 레린(Lenin)과 톨스토이(Tolstoi)를 배출한 러시아에서 비교적 유명한 대학으로 알려져 있다. 카잔연방대학은 레닌과 톨스토이가 공부했던 강의실의 옛 모습을 자랑스럽게 보존하고 있었다. 강의실의 연단이나 그들이 앉아서 공부했던 책상, 의자 등이 보존되어 있는 것이 매우 인상적이었다.

타타르 공화국은 현재 러시아에서도 부유한 지역으로 알려져 있으며, 수도 카잔은 특히 경제적으로 안정된 주도로 볼가 강(The Volga)에 접해 있는 상공업 도시이다. 러시아 수도인 모스크바로부터 약 800km 떨어져 있는 수상, 육상 교통의 요지이기도 하다.

2016년 4월 당시 카잔연방대학에 재직 중이었던 한국학 소장의 안내로 카잔연방대학을 방문하여 국제교류에 대한 협약을 체결하고 매년 개최되었던 한국어말하기 대회에서 수상한 학생들에게 한국어 연수 기회를 제공함으로써 학생교류가 이루어졌다. 카잔연방대학에서 한국어 연수를 위해 한국을 방문하는 학생은 경제적으로 부유한 가정의 자녀로서 과정을 마치면 한국어 구사능력이 뛰어난 편이었다.

현재까지도 카잔연방대학교의 한국학 연구소는 러시아 연방의 한국어 말하기 대회, 한민족 관련 행사 등의 이벤트가 정기적으로 개최되고 있으며, 이를 계기로 국내 대학들과의 학생교류가 비교적 활발하게 이루어지고 있는 편이다.

러시아인이 약 49%(2022년 기준)를 차지하는 카잔시(Kazan City)는 인구의 약48%가 이슬람 종교를 믿고 있으며, 러시아의 다른 지역과 비교하면 이슬람교를 믿는 인구가 많은 편에 속한다. 따라서 카잔시의 크렘린(Kremlin)은 유네스코(UNESCO) 세계유산으로 등재되어 있으며 러시아 정교회 성당과 이슬람 모스크가 나란히 위치해 그 위용을 자랑하고 있다. 크렘린 내부의 정교회 성당은 보통 규모로 평범하지만, 모스크는 푸른색의 대규모 지붕으로 화려하게 건축되어 카잔시 크렘린의 상징이 되고 있다.

카잔대학의 레닌 학생의 강의실

바이칼 호수의 겨울

바이칼호(Lake Baikal)는 러시아 시베리아(Siberia) 남동쪽, 이르쿠츠크(Irkutsk)와 브리야트(Buryatia) 자치공화국 사이에 위치해 있는 담수호이다. 가장 깊은 곳이 수심이 1,742m로 세계에서 가장 깊은 호수로 알려져 있으며, 세계에서 가장 오래된 역사를 자랑하는 호수이다. 저수량도 2만 2000㎦로 담수호 가운데 최대 규모이다. 또한 남북의 길이 636㎞, 최장 너비 79㎞, 최단 너비 27㎞이며, 둘레는 2200㎞에 이르고 물도 맑아서 물밑 가시거리가 최고 약 40m 정도라고 한다. 호수 내에는 총 22개의 섬이 있는데, 가장 큰 것은 길이 72㎞인 알혼(Olkhon) 섬이다.

세계에서 가장 오랜 역사를 자랑하는 러시아의 바이칼 호수를 몽골 울란바토르에서 러시아 기차를 이용하여 방문한 적이 있다. 울란바토르에서 늦은 오후에 출발하여 기차 내부에 설치된 침대에서 잠을 자면서 이동하는 야간 열차였다. 새벽쯤 러시아 브리야트(Buryatia) 주의 국경에 도착하였는데, 입국 절차와 보안 검색을 위한 사무원이 출근을 하지 않았던 탓인지 아무런 안내 방송 없이 2시간 정도를 기다려야 했다.

정말 이유도 모르면서 무작정 기다리는 동안 답답하기 짝이 없었다. 이윽고 사무원이 도착하여 입국을 위한 절차(여권에 비자 스탬프를 찍어줌)와 보안 검색을 마친 후 다시 이르쿠츠크로 향해 출발하였다. 러시아의 국경에서 기차가 정차한 후 2시간을 기다리면서 아직도 과거 소비에트 연방 시절의 경직된 공무원 서비스가 잔존하고 있음을 피부로 느낄 수 있었다. 이윽고 이르쿠츠크 시의 기차역에 도착하여 간단히 점심 식사를 마친 후 자동차를 이용하여 바이칼 호수로 이동하였다.

필자는 겨울에 바이칼 호수를 방문했기 때문에 우리나라에서는 경험해 보지 못한 혹독한 추위를 견뎌야 했다. 그런데 바이칼 호수의 겨울은 호수의 물을 전혀 볼 수가 없었으며, 오로지 1m 정도 두께의 얼음 위를 도보로 걸을 수 있을 뿐이었다. 바이칼 호수의 겨울은 전체가 얼음으로 변하기 때문에 주변 마을이 이동할 때에 얼음 위를 자동차를 이용하여 운행하고 있었다. 심지어 자동차나 마차를 위한 교통 표시판이 세워진 것을 목격할 수 있었는데, 이 교통 표지판은 겨우내 존속한다고 한다. 그러나 겨울을 지나 봄이 되면 호수 주변의 경치가 너무 아름다워 러시아의 관광객을 비롯하여 주변국의 많은 관광객이 방문한다고 한다.

겨울의 바이칼 호수

사할린 교포의 절규

사할린(Sakhalin) 섬은 4만 여명의 한인 교포가 거주하고 있는 러시아 영토이다. 이곳에 많은 동포의 후예들이 살아가고 있는데, 자신들이 외로운 삶을 조금이나마 위로받고 동포들의 뿌리를 찾고자 노력하고 있다. 특히 자신들의 조국인 대한민국의 경제부흥이나 세계무대에서 한국의 위상에 많은 관심을 가지면서 조국을 그리워하고 있다는 것은 주지의 사실이다.

필자가 사할린을 방문하게 된 계기는 교육부가 주관하는 '사할린유학박람회'에 참가하면서이다. 유학박람회를 계기로 사할린 섬에 대한 역사와 문화를 배울 수 있었으며, 유학박람회가 개최되는 동안 수많은 젊은이들이 한국유학을 희망하고 있었다. 그러나 현지의 경제사정이 넉넉한 편이 아니었기 때문에 유학비용 마련을 위한 상담이 주를 이루었다. 이러한 사정을 인식한 박람회 참석자들은 사할린 젊은이들의 유학에 대한 열망을 위로하기 위해 각종 장학제도를 알려주곤 하였다. 사할린에서 머무는 동안 동포들이 살아 온 이야기를 경청하면서 러시아와 일본이 저지른 만행으로 인한 그들의 깊은 상처를 인지하게 되었다.

사할린 섬은 러시아의 영토로 타타르 해협과 오호츠크 해(Okhotsk Sea) 사이에 있으며, 쿠릴 열도(Kuril Islands)와 함께 러시아의 사할린 주를 이루며, 남북의 길이 950㎞, 최대 폭 160㎞, 면적 약 72,492㎢ 로서 러시아에서 가장 큰 섬이자, 세계에서

23번째로 큰 섬이기도 하다. 인구는 약 50여만 명(2021년 기준)이다. 사할린은 대륙성 기후로 춥고, 사할린 섬 주민들은 대부분 러시아인(78%)이고, 우크라이나인이 7.4%이다. 그 밖에 사할린 한인(6.5%), 원주민(0.4%)이다.

사할린 섬에 사는 한인의 수는 약 4만 여명(2020년 기준)으로 알려져 있으며, 이들 중 대한민국으로의 귀환을 희망하는 사람은 7,000여 명으로 추산된다고 한다.

사할린 섬의 역사를 간추려보면 러시아와 일본의 패권전쟁으로 인해 전쟁 결과에 따라 영토의 주권이 분할되는 등 주권국이 여러 번 바뀐 아픈 역사를 가지고 있다. 1875년 상트페테르부르크 조약(Treaty of Saint Petersburg, 일본 측 명칭은 가라후토-치시마 교환조약)으로 인해 쿠릴열도 전도를 일본이 영유하는 대신 사할린은 러시아 영토가 되었으나, 러일전쟁 전후에 체결된 포츠머스 강화조약(Treaty of Portsmouth)에 의해 북위 50도 이남의 사할린 남부는 일본령으로 재 편입되었으며, 일본은 이 지역에 가라후토 민정서를 설치하였다. 이후 1907년에는 가라후토 민정서를 가라후토 청*으로 개편하였으며, 태평양 전쟁이 끝날 때까지 일본이 사할린 섬의 남쪽을 40년간 지배하였다.

한편 1905년 이후에도 북위 50도 이북의 북사할린은 러시아의 영토로 남았으나, 혁명으로 러시아 제국이 붕괴한 뒤 일본군에게 1925년까지 지배되면서 일시적으로 사할린 전체가 일본령이 된 적도 있었다. 당시 소련은 사할린 개발에 소극적이었으며, 일본과의 관계 개선을 위해 사할린 섬의 석유 개발권을 일본에게 양도했다.

---

* 가라후토 민정서(樺太民政署)가 1907년 3월 15일 부로 개편된 북위 50도 이남의 사할린 섬 행정조직을 일컫는다.

또한 레닌은 사할린 영토를 로마노프 왕조(Romanov dynasty)의 제국주의에 의한 불법 점유라고 주장하고 사할린 섬 전체를 반환 요청하였으나, 결국 일본은 북사할린만을 반환한다.

일본이 제2차 세계대전에서 패망한 이후 소련이 남사할린과 쿠릴 열도를 통째로 흡수하였다. 스탈린(Stalin)은 북해도 전역을 점령하려 했지만 미국의 격렬한 반대로 무산되어 7월 이후 북사할린, 남사할린, 쿠릴 열도까지 포함해서 1947년 사할린 주로 독립되어 오늘에 이르고 있다.

사실 사할린 한인은 구한말부터 사할린으로 이주한 조선인의 후손이라 할 수 있다. 물론 일부는 자발적으로 이주하기도 하였으나 대부분 일제에 의해 경상도, 전라도, 제주도 지역으로부터 강제로 징용된 피해자의 후손이다. 그러나 온갖 고통을 인내하며 일본의 탄압을 감내해 왔으나, 1945년 일본이 태평양 전쟁에서 패배하자 일본군은 강제로 이주시키고 착취의 대상이었던 한인들을 사할린 섬에 남겨둔 채 일본인들만 배를 이용하여 본국으로 철수해버렸다고 한다.

현지 어느 한인 2세의 전언에 의하면 먼저 일본인을 철수하고 이어서 한인들을 철수하겠다는 일본군의 말을 믿고 기약 없이 사할린 남쪽 끝 항구에서 일본군의 배를 기다리다 많은 사람들이 유명을 달리했다고 한다.

사할린 동포들은 일본 홋카이도(Hokkaido Prefecture) 섬을 바라보는 방향의 사할린 남쪽 항구에는 당시 일본군을 기다리며 추위와 굶주림으로 희생된 영령들을 추모하기 위한 탑이 세워졌다. 필자는 이곳에서 일본군에 의해서 짓밟혀 왔던 약소국가의 설움을 가슴속 깊이 되뇌며 묵념하는 동안 눈시울을 적시고 말았다. 이제는 더 이상 외부로부터 침략을 받지 않기 위해서는 강력한 경제력과 군사력이 필요할 것이다.

사할린 동포라고 불리는 한인들은 어려운 환경에서도 언젠가는 고국으로 돌아 갈 수 있다는 꿈을 버리지 않고 살아가고 있다. 지금은 강제로 동원된 한인들의 후손들이 뿌리를 내리고 있으나, 고국이 경제부국으로 세계무대에 당당하게 등장하게 되면서 많은 관심을 갖게 되었고, 한국정부도 한인동포들의 원한을 달래기 위한 노력을 아끼지 않고 있다.

그러나 흘러간 과거에 머물 수는 없다. 현재의 조건이나 상황에 알맞은 지원으로 그들의 후손들이 미래에는 평화롭고 자유가 보장된 사회에서 나름대로의 역량을 마음껏 발휘할 수 있도록 지원을 해야 할 것이다. 필자가 경험한 사할린은 특별한 기후의 현상으로 산악트레킹(Tracking)이나 산악스키(Ski) 등으로 관광객을 유치할 수 있는 천혜의 조건을 갖추고 있기 때문에 관광 휴양지로 발돋움 할 수 있을 것으로 전망되었다.

13

독일 라인강의 기적

Rhine River

라인강의 기적 위에 한강의 기적

유럽의 3대 강은 영국의 템스강(Themes River), 프랑스의 센강(Seine River), 독일의 라인강(Rhine River)을 지칭하는데 템스강이나 센강은 각각 수도인 런던(London)과 파리(Paris)를 관통하는 강으로써 도시의 발전에 기여했다면, 라인강은 유럽의 강으로 스위스, 독일, 네덜란드를 거쳐 북해로 흐르는 약 1,230km 길이의 강이다.

라인강은 도나우강(Donau River)과 함께 로마제국의 북쪽 경계에 있으며, 산업용 자재를 내륙 깊이 이동하는 수로로 이용되었는데 후대에 독일이 제2차 세계 대전에서 패한 뒤 이룬 경제성장의 원동력이 되었다고 하여 '라인강의 기적'이라는 단어를 탄생시키기도 하였다. 즉, 라인강의 기적은 서독 아데나워(Konrad Adenauer) 정부의 경제정책과 미국의 마셜 플랜*을 통한 원조와 서독 국민들의 전후 복구 노력이 이룬 경제 부흥을 지칭하기도 한다.

'자본주의 황금기'(제2차 세계대전 종전 후 1973년 오일쇼크(Oil Shock) 이전까지의 시기)에 독일도 두 차례 세계대전의 패

---

* 마셜 플랜(Marshall Plan)은 미국의 국무장관이었던 Jorge C. Marshall이 제창한 것으로 제2세계 공산권 세력이 유럽 내에서 확장하는 것을 방지하기 위해 제2차 세계대전으로 폐허로 변한 서유럽 동맹국들을 중심으로, 유럽 자유국가들의 재건과 경제적 번영을 위해 미국이 계획한 재건과 원조 계획이다.

전국으로서 폐허가 된 국민경제를 일으켜 경제 대국으로서 발판을 마련했는데 퀼른(Cologne), 뒤셀도르프(Dusseldorf), 본(Bonn) 등 대부분의 산업화 도시가 라인 강 주변에 형성되었기 때문에 '라인 강의 기적'이라 지칭했을 것으로 생각된다.

80년대 초에 사우디아라비아(Saudi Arabia) 동부 지역의 담맘(Dammam)에 소재한 'Saudi Steel Pipe Co.' 공장에서 사용되고 있던 파이프 아연 도금용 솥을 구매하기 위해 독일 공업도시인 퀼른(Cologne)에 소재한 아연을 녹이는 솥을 제작하는 공장을 방문한 적이 있었다. 아연을 끓이는 솥 제작으로 세계적인 명성을 얻고 있었기 때문에 방문 전에는 기업 규모가 엄청나게 클 것으로 기대를 했으나 기우에 불과했다. 회사 규모는 평범한 중소기업 정도였으며, 생산제품도 주문생산 위주로 운영되고 있는 초라한 기업이었음에도 불구하고 아연 솥을 전 세계에 공급하는 첨단 기업으로 인정받고 있었다.

비록 당해 기업의 규모는 초라하지만 독보적인 기술을 보유하고 있는 것처럼 대부분 독일 기업은 이와 같은 형태로 운영되면서 첨단 산업화를 이루어 경제부흥을 이루었다. 당시 라인 강변에 위치한 퀼른 공장의 방문은 '라인강의 기적'을 현장에서 확인하는 방문이었다. 그 결과 오늘날 독일은 유럽의 부국으로써 명성을 유지하고 있다.

한국전쟁 직후 폐허가 된 상황이 독일과 유사하기 때문에 독일과 한국과의 특별한 인연이 시작되었다. 남북이 분단되고 정치가 불안한 상태에서 박정희 정권은 5.16군사 혁명으로 정권을 잡았으나, 당시 우리나라의 군사적 우방국인 미국의 제35대 케네디(John F. Kennedy) 대통령은 한국의 군사정권을 인정하지 않고 국토 재건을 위한 차관 요청을 단호하게 거부하였다고 한다. 따라서 박정희 전 대통령은 우리와 유사한 환경에서 경제를 부흥시켰던 독일에 차관을 요청하였고, 우여곡절 끝에 간호조무사와 탄광 광부의 파견을 담보로 차관을 빌려 우리나라의 산업화의 초석이 되었다는 역사적 사실로 미루어볼 때 독일은 우리에게 고마운 나라임에 틀림이 없을 것이다.

당시 독일어 통역을 담당했고 독일 유학을 마치고 중앙대학에서 경제학 강의를 담당했던 백영훈 박사의 전언에 의하면 박정희 전 대통령은 47세의 나이로 독일 대통령의 초청을 받아 1964년 12월에 에르하트(Erhard) 총리와 면담하였다. 당시 박 대통령의 경제부흥을 위한 절박하고 간절한 지원 요청에 감동받은 에르하트 총리는 차관을 빌려주기로 결심하고 박 대통령에게 산업화 부흥을 위해 네 가지 특별 제안을 해 주었다고 한다.

첫째, 한국은 산이 차지하는 비중이 높기 때문에 우선적으로 도로를 건설해야 한다.

둘째, 산업화에는 철강이 절대적으로 필요하므로 철을 생산하는 공장이 필요하다.

셋째, 산업화를 위한 에너지 생산단지를 건설해야 한다.

넷째, 36년 동안 식민지배로 한국을 억압했던 일본과 화해할 것을 마지막으로 제안을 했다고 한다.

박정희 전 대통령은 이 네 가지의 고귀한 제안을 모두 받아들여 귀국 후 일본으로부터 3억 달러의 배상금과 함께 한일국교를 정상화하였으며, 경부고속도로와 포항제철공장건설, 울산석유화학단지를 건설하여 오늘날 세계 10대 경제 부국이 될 수 있는 발판을 마련하게 되었다.

유유상종이라 했던가? 두 차례의 세계대전으로 전 국토가 폐허가 된 독일과 한국전쟁으로 쑥대밭이 된 한국이 오늘날 세계에 우뚝 설수 있었던 것은 서로 위로하며 지원해 준 덕분이라 하겠다.

공교롭게도 독일에는 라인강이 존재하지만 한국에도 서울 중심부를 유유히 흐르는 한강이 있기 때문에 한국전쟁 이후부터 아시아 금융위기를 슬기롭게 극복하면서 반세기에 이르는 급격한 경제 성장의 상징적인 용어인 '한강의 기적'이라는 표현을 쓰기도 한다. 반면 영국의 템스강이나 파리의 센강은 우리나라의 수도를 관통하는 한강과 비교하면 규모면에서 훨씬 작지만 시민들의 쉼터로 개발되어 현재는 세계적인 관광명소로 바뀌었다.

필자가 바라보는 독일민족은 겸손하고 자신의 과오를 반성할 줄 아는 실리 추구형 민족이다. 그러나 우리를 36년이나 지배하면서 인권을 유린하고 고통을 주었던 일본 민족을 생각해보라. 게다가 역사적으로 우리나라의 영토인 독도를 자기네 땅이라고 억지를 부리고 있지 않는가? 아직까지 진정한 사과 없이 우리 민족을 멸시하고 인권유린에 대한 반성은커녕 적반하장으로 우리를 대하고 있는 모습이 과연 정상적인 국가인가? 독일은 유대인을 대상으로 총리가 무릎을 꿇고 진정한 사과를 기회가 있을 때마다 반복하고 있다.

그렇다고 언제까지 진정한 사과와 반성을 기다리고 있을 것인가. 과거는 용서하되 절대로 잊어서는 안 될 것이다. 더 이상의 과오를 범하지 않도록 우리의 국력을 키워나가야 할 것이다.

전세계 많은 국가들이 '한강의 기적'을 인정하고 경제적 교류를 요구하고 있지만 이럴 때일수록 우리는 겸허한 자세로 초심을 잃지 않고 묵묵히 새로운 도전에 임해야 할 것이다.

베를린 장벽의 붕괴

이념적 갈등으로 공산주위와 민주주의 진영으로 남북이 분단된 우리나라와 같이 독일도 민주주의를 추종하는 서독일과 사회주의의 이념을 표방하는 동독일로 분단되어 자유로운 왕래가 제한되었으며, 동독은 서독의 민주주의 가치를 비하하고 비판하며 동독 우월주의를 주장하였다.

그러나 당시 1985년 3월 고르바초프(Mikhail S. Gorbachev)가 새로운 소련 공산당 서기장으로 취임하면서 상황이 변하기 시작하였다. 고르바초프 서기장은 개혁을 외치며 경제부흥에 매진한 결과 소련 연방국에서 독립한 국가들의 민주화를 앞당기는데 많은 영향을 미쳤다. 서독은 미국과 서방의 지원으로 산업화에 매진하여 '라인강의 기적'이라는 새로운 단어를 탄생시킬 만큼 부국이 되어 헝가리(Hungary)와 폴란드(Poland) 등의 주변국과의 관계가 비교적 우호적이었다.

1988년 10월 서독의 콜(Helmut Kohl) 수상이 외상을 비롯한 환경상, 국방상, 농림상 등이 동행하여 소련과 다방면에 걸친 실무적 협력 방향을 논의하고 관계정상화를 위한 초석을 다져 나가게 되었다.

1989년 6월 고르바초프가 서독을 방문했는데, 고르바초프 서기장이 경제문제를 해결하기 위해 서독과의 관계 강화에 박차를 가하게 된다. 이러한 배경에는 고르바초프가 정권에 취임한 지 4년이 되어 가고 있었으나, 국내 경제상황이 개선되지 않아 소련 시민의 불만이 높아져 가고 있었으며, 국내 개혁을 위해서도 서독과의 경제관계의 강화가 대단히 중요했다. 고르바초프는 서독 방문 중 투자보호협정을 체결하는 등 양국 사이에 경제시스템을 개선하는 데 전력을 기울였다.

고르바초프 서기장이 서독을 방문했을 때 당시 6월의 어느날 밤 콜 수상 부처는 고르바초프 서기장 부처와 라인 강변의 수상 방갈로(Bungalow)에서 만찬이 끝난 후 한밤중에 양 수뇌는 유람선에 올라 라인 강을 따라 내려가서 전방의 로렐라이(Lorelei) 언덕을 조망하며 양국 관계와 삶에 대한 감상적인 진솔한 대화를 나누면서 서로의 신뢰를 쌓았다는 사실이 전해지고 있다.

고르바초프 서기장의 페레스트로이카(Perestroika)** 정신은 후일에 헝가리(Hungary)와 폴란드(Poland)의 민주화운동으로 번져 중앙 유럽의 다른 나라에도 큰 영향을 끼쳤다. 헝가리는 1989년 봄부터 여름에 걸쳐 동독 국민의 서독으로의 대량 이주 경로가 되어 동독의 공산당 정권을 동요시켰다. 당시 동독의 경제는 폴란드나 헝가리보다 상대적으로 양호한 편이었으나 서독에 비하면 가난한 국가였다. 동독 정부는 국민들에게 서독의 체제를 근본적으로 부정하고 비하하는 선전을 해왔으나, 대부분 지역에서 서독의 TV 수신이 가능했으며, 서독의 동방정책을 통한 유화적 교류 영향으로 서방측 정보가 동독에 도달하는 것을 저지하기가 점점 힘들어졌다. 이와 같은 보이지 않는 정보의 흐름으로 인해 '베를린 장벽'은 이미 무너져갔던 것이다.

** 미하일 고르바초프가 1985년 3월 소련 공산당 서기장에 취임한 후 실시한 개혁정책으로 '재건', '개혁'의 뜻을 가진 러시아어이다.

한편 헝가리는 개혁, 개방 정책의 하나로 오스트리아(Austria) 국경의 철조망 등 국경설비를 철거하기 시작했다. 그러나 헝가리 당국의 국경 경비는 계속되었기 때문에 국경을 넘어 오스트리아로 가는 것이 쉬운 편은 아니었다. 이러한 헝가리의 조치는 동서간의 벽이 낮아졌다는 심리적 효과를 증폭시켜 동독인들이 헝가리, 오스트리아를 거쳐 서독에 탈출하는 수를 증가시키는데 일조하였다.

하지만 다수의 동독 시민이 더욱 확실한 길로 선택한 것은 동독 주재 서독대표부나 헝가리, 체코슬로바키아(Czechoslovakia), 폴란드의 서독대사관에서 농성하면서 서독 이주를 요청하는 탈출 방법이었다. 1989년 8월에는 헝가리에 체류하고 있는 동독 국민이 20만 여 명에 달했다고 한다. 헝가리 정부는 난민조약에 가입하고 있었기 때문에 동독 국민을 불법입국자로서 본국으로 송환하지 않고 보호하였는데, 서독은 일시적인 이익을 얻기 위해 동서간의 장기적 우호관계를 위해 무분별하게 서독으로 이주하는 것을 허락하지 않고 정당한 절차를 거쳐 동독인들을 받아들이기로 결정하였다.

1989년 하반기부터 동독 주민의 서독으로의 대규모 탈출에 따라 서독 정부는 새로운 정책의 일환으로 동독의 법을 위반하더라도 동독인들이 서방에 도착하도록 도와주었고 동독 정부에 압력을 가해 근본적으로 정치 및 경제 개혁의 하나로 여행 관련법을 개정할 것을 권고하였으나, 동독 정부를 공개적으로 난처하게 하거나 자극하는 일은 회피하였다. 이와 같은 서독의 전략은 동독의 개방화와 개혁의 물꼬를 트는데 상당한 영향을 미쳐 드디어 동독에서도 소요사태가 발생하게 된다.

소련 고르바초프의 개방정책이 낳은 동유럽의 민주화운동은 서독의 보수적 할슈타인 정책(Hallstein Doctrine)***으로 인한 외교적 고립체제를 해체했으며, 그 해빙 물결은 동독에도 이미 밀려들어 왔던 것이다.

1989년 9월 동독에서 반(反)체제 그룹이 '신포럼(Neues Forum)'이라는 단체를 결성되었는데, 10월에는 동독의 제2도시 라이프치히(Leipzig)에서 참가자가 만 명이 넘는 민주화 요구 시위가 일어났다. 라이프치히에서는 매주 월요일마다 시위가 일어나 '신포럼'의 합법화 등을 요구했다. 시민은 '고르비'를 외치면서 "우리는 개혁을 위해 국내에서 싸우고자 한다."라고 호소했다.

고르바초프는 10월 베를린을 방문하여 동독지도자들과 회담하면서 동독의 페레스트로이카를 권했다. 여기서 고르바초프는 '뒤늦게 오는 자는 인생에서 벌을 받는다.'라는 러시아의 속담을 인용했다. 그날 밤 시민 수천 명이 시위를 주도하며 다시 '고르비'를 외치면서 개혁을 요구했다.

동독의 호네커(Honecker) 서기장 후임 크렌츠(Egon Krenz) 서기장은 당과 정부의 분리, 집회, 결사법의 정비, 미디어법의 정비, 비밀투표에 의한 선거법 정비, 시장원리를 도입한 경제개혁 등 민주화 방침을 발표하였다. 그 결과 동독 주민들이 베를린 장벽을 넘어 서독으로 이주할 수 있는 계기가 되었다. 그 결과 베를린 장벽은 제2차 세계대전 이후 장벽이 설치된 이래 약 40년간의 분단을 마감하고 드디어 1989년 통일독일 시대를 맞이하였다.

*** 1955년 9월 서독의 외무차관이었던 발터 할슈타인이 주장한 정책으로 서독만이 독일의 유일한 합법정부이며, 동독을 승인하거나 수교하는 국가와는 외교관계를 설정하지 않겠다는 정책이다. 그러나 1970년대에 빌리 브란트의 동방 정책에 의해 무력화되었다.

베를린 장벽의 붕괴가 우리에게 주는 교훈은 우리도 강대국 힘의 작용으로 인해 동족이 분단된 상태로 살아가고 있지만, 가까운 미래에는 체제와 관계없이 서로가 자유롭게 왕래가 허락되는 계기가 마련되어 자연스럽게 통일 국가로 나아갈 수 있다는 것을 상기시키면서 통일을 위한 각고의 노력이 필요할 것이다.

14

아랍에미레이트의

두바이

Dubai

인공도시 두바이

최근 가장 도시화가 빠른 곳이 아랍에미레이트(Arab Emirates)의 두바이(Dubai) 일 것이다. 두바이는 경제 및 건설 분야에서 우리나라와 밀접한 관계를 맺고 있는 국가이다. 석유 부호 국으로도 알려져 있는 아랍에미리트는 막강한 자본력을 바탕으로 도시화가 급속도로 진행되고 있는 가운데, 지정학적으로 아시아와 유럽의 중간에 위치하고 있기 때문에 두바이는 유럽이나 아프리카를 여행할 경우 환승의 허브(Herb)공항 역할을 담당하고 있기도 하다.

또한 아랍에미리트의 두바이는 최근 수년 동안 세계의 기록을 깨는 건축물과 건물 디자인 그리고 인공섬 등으로 예술적 감각이 물씬 풍기는 도시로 변해가고 있어 전 세계의 주목을 받고 있다.

두바이
버즈 알 아랍 호텔

두바이는 아랍에미리트의 수도 아부다비(Abu Dhabi)에 이어 두 번째로 큰 경제도시이자 신흥 계획도시로 세계의 주목을 받고 있는 아랍에미리트의 최대도시이다.

두바이는 페르시아 만(Persian Gulf)* 남동쪽 해안에 위치하고 있으며 4,114㎢의 면적으로 인구는 약 210만 명(2021년 기준)이 거주하고 있다.

필자는 호텔리어(Hotelier) 출신이기 때문에 전세계의 특별한 호텔에 많은 관심을 갖게 되면서 한 때 세계에서 가장 높은 호텔이었던 두바이의 버즈 알 아랍 호텔(Burj Al Arab Hotel) 탐방을 계기로 여러 차례 방문하게 되었다. 두바이는 무역의 허브(Herb) 역할을 담당하는 중계무역의 도시로 최근 글로벌 기업의 유럽이나 아프리카 전진기지가 되고 있다.

따라서 글로벌(Global) 수준의 호텔들이 우후죽순처럼 건설되고 있으며, 특히 버즈 알 아랍 호텔은 인공섬에 건설된 최고 수준의 호텔로 알려져 두바이의 랜드마크(Landmark)로 럭셔리한 7성급 호텔로 불리고 있다.

버즈 알 아랍 호텔의 전경

* 아라비아반도와 이란 사이에 위치한 만으로 서쪽 끝은 유프라테스강과 티스리스강이 합류하는 샤트알아랍강의 삼각주에 위치해 있고, 동쪽으로는 호르무즈 해협과 오만만이 연결되어 있다. 만의 길이는 약 989㎞, 넓이는 233,000㎢로 가장 깊은 곳이 60m 정도의 얕은 바다로 알려져 있다.

1999년 개관한 호텔로 돛단배 모양의 38층의 리조트 호텔(Resort Hotel)이며, 높이가 무려 321m로 당시에는 단일 호텔 건축물로는 세계에서 최고층의 호텔이었다. '버즈 알 아랍'은 '아랍의 타워'라는 의미로 두바이의 주메이라 해변(Jumeirah Beach)의 인공섬 위에 건축된 곡선 모양의 건축물로 육지와 호텔간 설치된 전용교량으로 연결된다. 호텔객실도 202실로 비교적 적은 수의 객실을 보유하고 있으나, 최고급 고객을 유치하기 위한 마케팅 전략을 바탕으로 객실요금도 최고 수준이다. 특히 VIP 고객인 경우 두바이 공항으로부터 헬리콥터(Helicopter)를 이용할 수 있는 전용 이착륙장이 마련되기도 하여 많은 사랑을 받고 있다. 또한 야간에는 30분에 한 번씩 화려한 조명이 바뀌는 장관을 연출하여 주변의 야경을 아름답게 빛내고 있다.

이 호텔을 입장하기 위해서는 전용 교량을 통해 육지에서 약 280m를 도보로 걸어가야 하는데 호텔 규정상 최소한 레스토랑(Restaurant)의 예약으로 입장이 가능하다. 따라서 필자가 호텔의 내부를 구경하기 위해 뷔페식당 예약을 통해 호텔에 들어가 관계자의 안내로 내부를 돌아볼 수 있었다. 내부 시설을 견학한 후 각종 사진을 촬영하여 필자의 저서인 《호텔경영론》 책에도 본 호텔을 자세하게 소개하기도 하였다. 옥상 근처에는 211m 높이에 헬리패드(Heliport)가 케틸레버(Cantilever)에 의해 지지되어 아름다운 건축물의 호텔로 명성을 얻고 있다.

외관은 눈부신 섬광을 방지하고 온도 상승을 막기 위해 투명한 유리로 처리하지 않고 천(Fabric)으로 마무리하였는데, 주간에는 하얀색 천으로 인해 호텔 내부는 부드럽고 우유빛 같은 빛이 호텔 내부로 들어온다. 야간에는 안팎으로 천 표면에 색이 변하는 조명이 설치되어 있다. 이곳 헬리페드에서는 뮤직비디오(Music Video) 촬영, 골프 홍보 등 각종 이벤트가 개최되기도 하여 많은 이들의 관심을 끌고 있다.

객실 형태는 28개의 2층 높이(Double-story) 층이 준비되어 있으며, 단지 202개의 스위트 룸(Bedroom suites)만이 있을 뿐이다. 객실 면적은 작은 규모(169㎡)의 객실부터 가장 넓은 규모(780㎡)의 객실이 준비되어 있고, 객실 요금은 객실의 등급에 따라 약 1,000달러~15,000달러이며, 가장 비싼 로열 스위트 객실(Royal Suite Room)은 1박당 28,000달러로 책정되어 있는 고가 호텔이다.

두바이의 인공섬 팜 주메이라

마치 야자수 나무를 연상할 수 있는 형태의 팜 주메이라(The Palm Jumeirah)의 면적은 5.72㎢로 하나의 굵은 나무줄기와 17개의 가지로 구성되어 있으며, 약 11㎞ 규모의 방파제로 이루어진 초승달 모양의 인공섬이다. 바다에 모래를 메워 건설한 단지로 아파트, 상가, 호텔과 리조트, 별장 등으로 이뤄져 있다.

야자나무의 줄기와 같이 생긴 부분에는 고급 수준의 주거지로 주택과 빌라 등이 위치해 전 세계의 부호들이 소유하고 있다고 한다. 인공섬 둥근 모양의 맨 끝자락 초승달 부분에는 여행자들을 위한 아틀란티스 호텔(Atlantis Hotel)과 색다른 모양의 초호화 리조트(Resort)와 휴양시설 등이 마련되어 있다. 팜주메이라의 게이트 타워(Gate Tower)와 아틸란티스 호텔까지는 방문객들의 편의를 위해 5.4km 길이의 모노레일(Mono Rail)이 설치되어 있다.

엔터테인먼트 리조트(Entertainment Resort)인 아틀란티스 호텔은 아름다운 건축물과 함께 독특한 스위트 객실이 마련되어 있으며, 식사 및 아쿠아 벤처(Aqua Venture), 워터파크(Wter Park)와 같은 스릴(Thrill) 넘치는 시설들은 방문객들의 눈길을 사로잡기 충분하다. 특히 세계에서 가장 큰 워터파크는 각종 놀이기구로 가득 찬 물 모험의 세계가 펼쳐지며 급류를 타면서 스릴을 느낄 수 있다. 팜 주메이라 섬에 건설된 고층건물 팜 타워(Palm Tower)의 50층에 있는 아우라 스카이풀(Aura Skypool)은 기네스북(Guinness Book)에도 등제되어 있으며, 지상 200m 높이로 세계에서 가장 높고 세계 최초의 360도 인피니티 풀(Infinity Pool)**이다.

The Palm Jumeirah 전경(팜 주메이라 홈페이지)

** 바닷가의 전망 좋은 곳에 있는 고급 수영장을 일컫는다.

52층에는 360도의 전망대(The View at the Palm)가 설치되어 주메이라 팜의 전경을 비롯하여 두바이의 스카이라인(Skyline)과 페르시아 만을 조망할 수 있다. 750m규모의 아우라 스카이풀에는 두바이의 전경을 감상할 수 있는 라운지(Lounge)도 마련되어 방문객들이 맞이하고 있다.

세계에서 가장 높은 버즈 칼리파 빌딩

버즈 칼리파 빌딩의 전경

두바이는 유럽이나 아프리카 방문을 위해 여행할 때 항공기 환승이 가장 많은 도시이기 때문에 필자는 두바이를 여러 번 방문한 적이 있다. 교통의 편리함과 급격한 도시의 팽창 그리고 인공으로 만든 시설이 많기 때문에 방문객이 날로 늘어나고 있는 추세이다. 과거에는 아시아 지역에서 홍콩이 쇼핑의 허브였다면 최근에는 두바이가 부호들의 쇼핑 천국으로 바뀌고 있는 듯하다.

두바이가 자랑하는 현존하는 세계에서 가장 높은 버즈 칼리파 빌딩(Burj Khalifa Building)은 각종 첨단 기술이 숨어 있는 건축물이기도 하다. 그런데 칼리파 빌딩은 세계의 유수의 건설회사를 제치고 우리나라 삼성물산이 당당하게 입찰에 낙찰되어 빌딩 건축의 시공을 담당하여 완공한 건물이다. 한국의 삼성물산이 세계에서 가장 높은 빌딩을 건축하고 있다는 사실이 자랑스러울 뿐이었다.

더욱이 해당 빌딩을 건설하는데 있어서 세계 최초로 최첨단 공법이 적용되고 있다하여 실제 현장을 찾아 확인한 적도 있었다. 첨단 공법은 시멘트 콘크리트(Cement Concrete)를 지상에서 126층 높이인 452m까지 한 번에 펌핑(Pumping)하여 쏘아 올리는 공법으로 신기록을 세웠다고 한다. 이와 같은 시도는 전 세계의 건설기술자들을 놀라게 했던 공법으로 삼성물산의 첨단기술이 최초로 적용된 건축물이기도 하다.

칼리파 빌딩은 2004년 9월에 착공하여 5년 후 2009년 10월에 완공하였으며, 2010년 1월에 개관하여 두바이의 명소로 자리 잡았고, 지상에서 39층까지는 호텔시설, 44부터 108층까지는 주거사설, 111층부터 154층까지는 서무실로 운영되고 있으며 124층에는 전망대가 자리 잡고 있다.

칼리파 빌딩에는 58기의 엘리베이터(Elevator)가 설치되어 있고, 철근 약 4만 톤, 커튼월(Curtain Wall) 2만 9,000개, 고성능 콘크리트 164,000㎥가 사용되었다고 한다. 특히 3일에 한 층씩 건설하는 시공방식을 채택하였고, 인공위성을 이용한 GPS기술, 복층형 엘리베이터, 진동 저감장치 등 건축의 첨단 기술이 동원된 예술의 집합체이다.

지금은 두바이의 버즈 칼리파 빌딩 주변의 분수 쇼(Show) 등의 이벤트로 많은 관광객이 찾는 명소가 되었다. 특히 최근 연말에는 시내 백화점에서 각종 명품의 세일(Sale) 이벤트를 통해 전 세계의 쇼핑(Shopping)족들이 두바이를 방문하고 있다고 한다. 이와 같이 빠른 도시화는 정부주도로 진행되고 있으며, 산유국의 부유한 경제를 중심으로 열대의 사막을 비즈니스(Business) 중심 도시로 탈바꿈시키고 있다.

15

평화와 여유의 상징 스칸디나비아

덴마크/스웨덴/노르웨이

복지와 교육의 수준이 높은 나라

스칸디나비아(Scandinavia) 3국은 일반적으로 덴마크(Denmark), 스웨덴(Sweden), 노르웨이(Norway)를 일컫는다. 이중 스웨덴은 스칸디나비아 반도국가중 인구가 가장 많은 국가이며, 노르웨이와 핀란드(Finland) 사이에 위치한 국가로서 전통적으로 북유럽을 주도하고 있다. 한반도의 약 2배(약 40만㎢)의 국토를 보유하고 있으며, 인구는 1,016만 명(2021년 기준)으로 비교적 인구밀도가 적은 국가이다. 1차와 2차 세계대전에서도 직접적으로 전쟁을 경험하지 않았다는 이유로 국제사회에서 행운이 있는 국가로 불리고 있는 정치적 중립국이다.

2004년 7월에 핀란드의 헬싱키(Helsinki)에서 스톡홀름(Stockholm)까지 크루즈(Cruise Line)에 탑승하여 숙박하면서 이동을 하였는데, 그 동안 세계여행을 하면서 다양한 선박도 이용해 보았지만 대형 선박을 이용하여 이동하는 것은 처음이었다. 정확하게 규모는 수치로 표현할 수는 없지만 승강기와 수영장, 카지노(Casino), 디스코장(Discotheque) 등의 시설이 갖추어져 있는 것으로 보아 대형의 크루즈 선박이었다.

야간에 선상에서 맥주를 마시면서 발트해(Baltic Sea)의 아름다운 주변 야경을 감상하면서 행복한 시간을 보냈던 것 같다. 발트해는 파고도 낮고 물결이 잔잔하여 크루즈가 마치 정박해 있는 것처럼 조용하게 이동하고 있었다. 객실 내 침대에 누워있어도 전혀 흔들리지 않고 마치 지상 호텔객실처럼 느껴졌다. 이윽고 새벽녘에 스톡홀름이 가까워지면서 햇빛이 바다를 비추고 있어 특별한 바다의 일출을 경험할 수 있었다.

스웨덴은 복지제도가 잘 되어 있는 것으로 알려져 있는 대표적인 국가이기 때문에 과거에는 우리나라의 사회복지를 전공하는 학자들에게 스웨덴의 복지제도가 연구모델이 되기도 하였다.

1984년 스웨덴을 처음 방문하였을 때 복지제도를 현지에서 확인하고 감동을 받았던 필자는 우리나라의 후진적인 복지제도를 안타깝게 생각한 적도 있었으나, 요즘에는 우리나라의 복지수준도 급격한 경제적 성장과 함께 선진국 못지않게 높아졌다. 노인들을 위한 각종 지원과 의료비 지원, 노약자나 빈곤층의 생계비 지원 등 과거에는 상상도 하지 못할 정도로 많은 혜택이 주어지고 있다.

스웨덴의 의료비가 원칙적으로 전액 무료라고 알려져 있으나 연간 일정한 액수의 자부담이 있다. 스웨덴은 약 90% 이상의 의료기관이 국립 또는 국가의 지원으로 운영되기 있기 때문에 의사와 상담하는 것이 생각보다 쉽지 않다고 한다.

안테의 법칙이 존재하는 국가

스칸디나비아 반도 국가에 존재하는 '안테의 법칙(Law of Jante)'*이 사회 저변에 퍼져 있는 강력한 규칙 때문인지 국민성이 비교적 조용하고 겸손한 편이다. 안테의 법칙 탓인지는 모르겠으나 다른 나라의 사람들과 비교할 때 잘 웃지 않는다는 이미지(Image)도 존재한다.

또한 학교나 기업 등의 사회생활에서 특정한 문제가 발생하였을 경우 쉽게 사과하지 않는다고 한다. 왜냐하면 먼저 사과할 경우 책임을 져야 한다는 생각으로 인해 무책임한 태도로 일관하는 습관이 있다고 한다. 안테의 법칙은 스칸디나비아 국가들이 복지선진국, 평등사회, 안정적 사회가 될 수 있는 밑거름이 된 것이 주지의 사실이지만 개인의 개성이나 자유를 지나치게 제한한다는 평가도 일부 존재하고 있다.

사회적 안정을 위한 수단인지 스웨덴에서는 국가가 알코올 성분의 술 판매에 직접적으로 관여하고 있으며, 일반 상점에서는

* ① 스스로 특별한 사람이라고 생각하지 않는다. ② 내가 다른 사람들 보다 좋은 사람이라고 착각 않는다. ③ 내가 다른 사람들보다 더 똑똑하다고 생각 않는다. ④ 내가 다른 사람보다 우월하다고 자만하지 말라. ⑤ 내가 다른 사람보다 더 많이 알고 있다고 생각하지 말라. ⑥ 내가 다른 사람들보다 더 중요한 위치에 있다고 생각하지 말라. ⑦ 내가 무엇을 하든지 다 잘 할 것이라고 장담하지 않는다. ⑧ 다른 사람을 비웃지 않는다. ⑨ 다른 사람이 나에게 신경 쓰고 있다고 생각하지 않는다. ⑩ 다른 사람을 가르치려 들지 않는다.

알코올 도수가 3.5% 이하인 맥주만 판매하고 그 이상의 알코올 도수의 술은 전용 판매소에서 구입해야 한다.

스웨덴의 탁아제도는 놀라울 정도로 체계적이고 인격을 중시하는 형태로 갖추어져 있어 국제사회의 모범이 되고 있다. 특히 인구감소가 이슈(Issue)화되고 있는 현대사회에서 스웨덴 탁아제도가 주목받는 이유이기도 하다. 또한 스웨덴 국적을 가진 사람은 유아교육이나 초·중등교육은 국공립의 경우 교육비가 전액 정부에서 지원된다. 스웨덴의 교육은 주로 고등학교부터 주입식 교육으로써 과목 선택이 거의 불가능하고 학교에서 정해주는 소수의 과목만 집중적으로 배운다.

다른 유럽국가나 미국에서도 마찬가지로 스웨덴에서 고등학교를 졸업하면 부모를 떠나 독립하는 것이 일반화되어 있다. 더욱이 집을 떠나 독립하는 청년들의 평균 연령이 약 19세 정도이나, 유럽은 26세로 알려져 있다. 스웨덴 정부는 청년들의 실질적인 독립과 자유는 경제적인 자립에서 출발한다는 것을 전제로 다양한 지원을 하고 있으며, 특히 여성의 경제 활동을 적극적으로 지원하고 있다. 스웨덴 정부는 국가가 책임지는 정책으로서 1972년부터 경제적 능력이 없는 노인과 아동들을 위한 복지에 많은 관심을 기울이고 있다.

현지에서 관광안내를 담당하는 젊은이의 경우에도 고등학교를 졸업하고 부모와 떨어져 살면서 대학을 다니고 있으며, 학비나 생활비도 스스로 해결하고 있다고 한다. 물론 대학생이 되면 정부의 각종 지원이나 대출제도가 일반화되어 경제적 자립이 가능하기 때문일 것이다. 따라서 부모의 지원이 없어도 스스로 대학을 졸업할 수 있다는 것이다. 이와 같은 사회적 구조는 스웨덴 정부가 평등과 독립적인 교육을 중요시하는 시스템으로 고등학교를 졸업한 후부터는 부모와 평등한 관계로 독립적인 인격체로서의 삶을 영위하며, 어떠한 경우에도 간섭을 받지 않고 살아가고 있다는 현실은 우리나라 청년들이 처해 있는 환경과 많은 차이가 있음을 깨닫게 한다.

스웨덴의 정치는 역시 평등을 강조하는 형태로 토론을 통해 자기 의견을 가감 없이 밝히면서 진정한 자유민주주의를 실현하는 국가이기도 하다. 수도인 스톡홀름(Stockholm) 시의원의 경우 의원 정족수가 100명 중 남녀 성비가 50:50로 고정되어 있으나, 의사결정을 위한 투표에서 동률이 나올 경우를 대비하여 여성 51명, 남성 50명으로 전체 101명으로 구성되어 있는 것을 보면 여성을 존중하는 사회임에 틀림이 없음을 알 수 있었다. 정치형태도 특이하게 국회의원은 모두 비례대표이며 의회에서 총리를 선출하는 내각제를 채택하고 있다. 필자가 직접 확인하지는 못하였지만 현지 관계자의 말을 빌리면 총리와 고위 관료들은 특별한 경우가 없는 한 점심시간에는 사무공간을 떠나 최소한의 경호원을 대동하고 광장에서 시민들과 함께 커피를 마시며 자유롭게 대화를 한다고 한다.

우리나라도 이와 같이 대통령과 시민이 함께 소통하며 자유롭게 토론하는 날이 가까운 미래에 실현될 수 있을까?

물의 나라 노르웨이

노르웨이(Norway)는 북유럽의 스칸디나비아 반도에 위치한 해양국가로 수도는 오슬로(Oslo)로 입헌군주제를 채택하고 있는 국가이며, 원유 수출량이 세계 10위 수준의 산유국이다. 노르웨이 하면 중학교 지리시간에 배웠던 피오르드(Fjord)**식 해안, 빙하의 산악지대, 북극과 가까운 나라, 오로라(Northern Lights/Aurora)***, 해양국가 등이 기억날 정도의 수준이었으나 노르웨이를 직접 여행하면서 그 동안 알고 있었던 지식이 너무나 단편적이었다는 것을 깨닫게 되었다.

한반도의 약 1.46배 정도 되는 국토면적에 약 540만여 명(2021년 기준)의 인구를 보유하고 있는 나라이며, 북유럽 5개국 중 가장 부유한 나라이기도 하다.

사실 스웨덴으로부터 독립할 당시만 해도 노르웨이는 스웨덴이 버린 산악 지형만을 차지하여 아이슬란드(Island)와 함께 북유럽에서 가장 살기 어려운 나라로 알려졌으나, 1970년대에 북해에서 유전이 발견됨으로써 소득수준 면에서 스웨덴을 추월하였다. 산유국으로서 비교적 부유한 국가이지만 물가는 높은 편이었다. 현지 관계자의 증언에 의하면 산유국일지라도 수익금 대부분을

** 빙하가 두껍게 빌딜한 지역에서 빙하로 인해 계곡이 U자형으로 깊게 패어 있는 곳에 바닷물이 침입하여 생기는 지형이다.

*** 지구의 북극권, 남극권 지역에서 관측되는 천문현상으로써 초고층 대기 중에 형형색색의 발광이 나타나며, '극광'이라고도 한다.

국민 복지에 사용하기 때문에 국민의 개인소득에는 거의 영향을 미치지 않는다고 한다. 또한 정치적으로 안정되어 있는 국가로 11년(2021년 기준) 연속 민주주의 지수 1위의 지위를 지키고 있는 국가이기도 하다.

노르웨이는 세계에서 가장 깨끗하고 청정 지역의 국가로 국토 면적에 비해 인구 밀도가 적고 제조업 공장이 거의 없는 천혜의 자연환경을 보유하고 있다. 스칸디나비아 반도의 스칸디나비아 산맥을 경계로 핀란드, 스웨덴과 국경을 접하고 있고 서남쪽에 북해, 북쪽으로는 북극해와 마주하고 있다. 북극권의 동북쪽 가장 자리에는 러시아와도 국경을 이루고 있다. 노르웨이의 해안은 피오르드(Fjord)식 해안으로 톱날처럼 융기되어 있고 구불구불한 형태로 매우 복잡하다. 해안선 총길이는 약 5만여 km 이상으로 전 세계 국가 중 캐나다 다음으로 해안선이 긴 국가이다. 실제로 피오르드식 해안을 유람선을 이용하여 관광해 보면 해안이 얼마나 복잡하고 청정지역인지를 알 수 있다.

정치적으로는 1998년부터 여성 할당제를 실시하여 국회의원의 40%를 여성으로 채우도록 유도하고 있다고 한다. 양성평등 정책이 사회 전반에 걸쳐 합의를 이룰 수 있도록 지속적으로 노력하였으며, 계속된 논란 가운데에도 모든 양성평등 관련 조사에서 최상위 권을 차지하고 있다.

기업에서도 여성 임원 할당제와 교육 포인트제도****를 시행하고 있었다. 여성임원도 2004년부터 이사회의 40%에 맞추어 선출한다고 한다. 이와 같은 성평등의 사회적 합의를 이루고 제도

**** 고등학교 때부터 시작되는 제도로 대학에 진학할 때 교육이나 간호과 등 여초 전공에 남성이 지원하거나 공대의 남초 전공에 여성이 지원하면 추가로 점수를 얻을 수 있는 제도이다.

화된 국가도 드물다. 우리나라도 성평등에 관한 관심은 남다른 가운데 정치인들로부터 선거공약으로만 그칠 뿐 실현시키지 못한 채 선진적인 민주주의를 지향하고 있다. 또한 노르웨이는 자연을 보존하기 위해 도로가 최소한의 자연훼손을 통해 건설되었기 때문에 최첨단식 공법을 이용한 도로건설이 아닐지라도 자연의 아름다움이 그대로 묻어나는 도로라는 느낌이 들 정도였다.

노르웨이는 산악지대가 많기 때문인지 터널이 유난히 많지만 터널 내부도 일률적인 시멘트 콘크리트 아치형이 아니고 자연이 최대한 보존되어 보기에는 천정에 비위가 그대로 노출되어 있을지라도 나름대로 아름다운 자연을 감상할 수 있었다. 또한 기후변화로 인해 빙하가 녹아 산악지대에서 흘러내리는 폭포수가 장관이며 해안지역 어느 곳에서나 관망할 수 있고, 호수와 피오르드식 해안이 많아 노르웨이는 물이 가장 많이 기억에 남을 정도이다.

노르웨이는 적은 인구, 조용하고 잔잔한 호수와 깨끗한 산악지대 그리고 아름다운 청정의 해안이 있기 때문에 가장 살고 싶은 국가로 손꼽히고 있으나, 필자는 전혀 다른 견해를 가지고 있다.

아무리 깨끗하고 청정의 산악지형과 천혜의 자연을 보존하고 있을지라도 인구가 적어 사회적 소통의 관계가 없다면 몇 개월만 살아도 외로워 우울증에 시달릴 것 같았다. 이와 같은 견해를 증명이라도 하듯 서너 가구가 살고 있는 어느 시골마을을 방문하게 되었을 때 사람방문이 거의 없었던 탓인지 마을의 언덕에 위치한 집의 주인이 필자를 마치 가족처럼 대해 주었으며, 방문을 진심으로 환영하면서 가족을 일일이 소개해 주었고 먹을 것도 서슴없이 차려주곤 하였다. 아마도 현지 주민들도 사람들 간의 왕래가 거의 없기 때문에 평소에 외로움을 느끼며 살아가는 것 같았다.

16

우즈베키스탄의 실크로드

Uzbekistan

우즈베키스탄은 가난한 이슬람국가인가

중앙아시아의 우즈베키스탄은 동쪽의 산악지대인 키르기스스탄(Kyrgyzstan)과 타지키스탄(Tajikistan) 국경지대를 제외하면 내부분 평지이다. 그러나 텐산(Tianshan) 산맥의 끝자락이며, 히서르 산맥(Hisor Tizmasi)에 위치한 최고봉인 하즈라티 술턴 봉(Hazrati Sulton)의 높이는 4,643m에 달한다.

또한 우즈베키스탄 북부에 위치한 아랄해(Aral Sea)가 과거 소비에트 연방의 면화 사업 탓으로 강물의 유입이 해마다 급격히 줄어들면서 사라질 위기에 처해 있기 때문에 호수 주변의 생태계가 파괴되고 있으며, 물이 빠진 바닥에 배가 덩그러니 누워 있는 등 주변의 주민들과 어민들에게 엄청난 피해를 주고 있다.

특히 우즈베키스탄은 주변 인접국이 모두 내륙국이기 때문에 이중내륙국으로써 아랄해는 매우 중요한 자원이다. 이에 아랄해가 바닥을 드러내고 있는 원인을 찾아 본래의 상태로 복구하기 위해 우즈베키스탄 정부는 카자흐스탄(Kazakhstan) 정부와 협력하여 노력하고 있으나 특별한 대책을 내놓지 못하고 있어 점점 악화되고 있는 실정이다. 실제로 매년 인공위성에서 촬영한 사진을 비교해 보면 아랄해가 점점 사라지고 있다는 것을 알 수 있다.

우즈베키스탄은 동부 지역에 농업과 관련된 산업이 소재하고 있고 타지키스탄이나 키르기스스탄, 카자흐스탄 등의 다른 중앙아시아보다 비옥하고 평지가 더 많다. 따라서 우즈베키스탄 인들이 이곳에 오랜 기간 정주하고 있어 중앙아시아에서 가장 오래된 역사와 문화 그리고 전통이 자리 잡게 되었다.

과거 우리나라의 역사와 직접적으로 관련이 있는 실크로드(Silk Road)*의 유물들도 우즈베키스탄에서 어렵지 않게 볼 수 있다. 역사적으로 유라시아 교역의 중심 도시들이 몰려 있었던 중앙아시아 최고의 문화와 역사가 있는 국가였던 우즈베키스탄은 사마르칸트(Samarkand), 타슈켄트(Tashkent), 부하라(Bukhara), 히바(Khiva) 등 실크로드의 중심으로써 부유한 국가로 학자, 예술가들이 넘쳐났다고 한다.

우즈베키스탄 인들은 농업인들이 대부분이기 때문에 경제적으로 실업률이 높은 편이나, 우방국이면서 상대적으로 부유한 러시아와 카자흐스탄에 비자 없이 자유롭게 취업하여 경제활동을 할 수 있다. 이와 같은 경제활동은 우즈베키스탄 현지 시장 활성화의 원동력이 되어 경제부흥에 많은 기여를 하고 있다.

우리나라에도 현재 수많은 우즈베키스탄 노동자들이 입국하여 농촌 인력을 대신하고 있으며, 농번기에는 농촌인구가 급격히 감소하여 외국인 노동자 도움 없이는 농작물 재배가 불가능할 정도로 노동력이 절대적으로 부족한 상태이다. 따라서 농촌 주변에서도 어렵지 않게 외국인 노동자들을 목격할 수 있다. 이제는 농촌뿐만 아니라 축산업이나 어업, 중소기업에서도 외국인 노동자가 절대적으로 요구되고 있는 가운데, 우리나라 젊은이들의 실업률

* 근세 이전 중국 대륙과 중앙아시아, 유럽의 지중해를 잇던 동서 교역 루트를 의미하는 것으로 주로 중국의 비단이 서방과 무역을 통해 거래가 이루어졌기 때문에 중국에서 유럽으로 이동하는 루트를 비단길로 명명하였다. 중국에서 유럽에 이르는 루트를 통해 동서 간의 문물이 왕래했으며 비단길이 지나가는 곳마다 크고 작은 도시나 마을이 생겼다.

우즈베키스탄의 고려인 교회

우즈베키스탄의 이슬람 예배당

이 높다는 것은 참 아이러니하지 않을 수 없다.

우즈베키스탄 사람들은 대부분 무슬림 종교이나 중동의 무슬림국가들처럼 코란경(Koran)에 의한 엄격한 규율에 따라 생활하는 것이 아니고, 매우 느슨하게 율법을 준수하는 편이다. 즉, 이슬람 국가에서 율법에 따라 금기시하는 술이나 담배, 돼지고기를 비교적 즐기면서 자유롭게 종교 활동에 임하고 있다. 그러나 모든 것이 자유로운 것은 아니고 유년시절부터 코란경에 의한 이슬람의 기본적인 율법은 지키면서 생활한다.

중앙아시아의 무슬림 종교는 유년시절부터 생활화되어 율법과 함께 성장하기 때문에 자연적으로 종교적인 카르텔(Kartel)이 형성되기도 한다. 시골 마을 생활이 종교의식에 따른 형태로 영위되는 까닭에 타 종교의 잠입이 거의 불가능하다. 어느 시골 마을에서 한국에서 파송된 선교사의 적극적인 선교활동으로 인해 이슬람교 대신 기독교로 개종한 젊은이가 있었으나, 마을의 보이지 않는 탄압으로 인해 결국 타 지역으로 이사를 하고 말았다.

현지인의 전언에 의하면, 만약 무슬림 종교를 벗어날 경우 테러(Terror)를 가하는 경우도 있다고 한다. 이와 같이 기독교를 위해 선교활동을 하는 선교사들이 무슬림 종교인들을 대상으로 전도한다는 것은 매우 어려우며, 특별한 개인적 이익이나 보상의 결과로 개종했을지라도 믿음이 지속되기 힘들다.

사실 중앙아시아에서는 표면적으로는 종교의 자유를 표방하고 있기 때문에 주요도시에 현지 교회가 존재하고 있으나 선교활동이 금지되어 있다. 따라서 각국의 선교사들은 사업비자나 유학비자를 소지하고 현지에 머물며 지하조직을 통해 간접적으로 힘들게 선교활동을 하고 있다.

지하조직 활동이 얼마나 어려운지는 역사를 통해서 알고 있을 것이다. 때로는 목숨을 내놓고 활동해야만 하는 경우도 발생한다. 현지 지하조직을 구성하기까지는 엄청난 에너지와 비용이 수반되며, 지하조직이 잘 못 관리될 경우 조직원이나 이탈한 조직원이 관청에 고발하여 선교활동을 위해 투자한 모든 것들이 현지 정부기관에 의해 몰수됨과 동시에 추방당하는 경우도 여러 번 목격했다. 이러한 고난의 상황에서도 암암리에 선교활동을 하고 있는 것을 보면 믿음의 힘이 얼마나 위대한 것인지를 깨닫게 한다.

우즈베키스탄의 한류

2007년 당시 수도인 타쉬겐트(Tashkent)와 고려인이 많이 정주하고 있는 사마르칸트(Samarkand) 도시에는 한류의 영향으로 한국식 식당과 미용실 등이 활발하게 운영되고 있었고, 많은 젊은이들이 한국 취업을 희망하고 있었다. 따라서 2007년 3월 개최된 유학박람회에도 수많은 젊은이들이 문전성시를 이루어 성공적으로 박람회를 마칠 수 있었다. 그러나 유학박람회에 참가한 학생들 대부분이 유학을 희망하고 있지만, 일단 유학비자가 발급되어 한국에 입국이 되면 중개인의 도움으로 이탈할 확률이 높다는 것을 사전에 인지하고 있었다. 그럼에도 불구하고 조심스럽게 상담한 학생가운데 적합하다고 판단된 20여 명을 대상으로 비자서류를 갖추어 대사관에 비자발급 신청하였으나, 모두 거부되어 박람회를 통한 학생유치는 실패하고 말았다.

주 우즈베키스탄 한국 대사관의 담당 영사에 의하면 서류가 대부분 가짜이며 유학생활에 부적격자들이라 비자발급이 거부되었다고 한다.

국제교육진흥원이 주최하는 유학박람회를 계기로 우즈베키스탄 유학시장을 파악한 결과 유학비자로 입국하여 이탈한 불법체류자가 많다는 것을 인지하게 된 필자는 특별한 방법으로 유학생을 유치하기 위해 현지 교민과 지하에서 선교활동을 하고 있는 선교사와 연계한 학생모집을 계획하였다. 그 결과 현지 교민은 학생들 유치와 대사관의 인맥을 통해 비자발급을 담당하기로 하고, 선교사는 학생들이 입국 후 유학생활을 하는 동안 학생들을 직접 관리하고, 방학기간을 이용하여 중소기업에 시간제 근로를 연결해 주기로 하고 학생들을 모집하였다.

이와 같은 방법으로 유학생 유치계획을 세우고 2007년 11월에 현지를 방문하여 우선적으로 비교적 경제적으로 부유한 도시인 사마르칸트 시에 사전 홍보와 함께 학생모집을 위한 면접이 실시되었는데, 비교적 많은 젊은이들이 면접에 참여한 결과 그 중 적합하다고 판단되는 30여 명의 학생들을 선발하였다.

현지 교민이 사전에 비자발급을 위한 서류 검토와 대사관의 비자발급을 책임지기로 한 바 정말 우수한 학생들이라 생각할 수 밖에 없었다. 그 후 선발된 30여명의 비자발급 서류를 대사관에 접수한 결과 26명의 학생이 유학비자가 발급되어 입국절차를 밟고 필자가 직접 인솔하였다. 사실 당시 특정 대학에 한꺼번에 26명의 비자발급은 상상도 할 수 없는 결과였다. 학생들을 인솔하여 캠퍼스 내에 위치한 숙소에 배정하고 간단한 생활지침과 안전

교육을 마친 다음 헤어졌는데, 문제는 이 후부터 발생하기 시작하였다.

다음날 출근하여 학생들의 근황을 파악하는 중 간밤에 여학생 한 명이 이탈한 것을 인지하고 무척이나 당황스러웠다. 상황을 파악해보니 여학생은 이미 결혼한 상태였으며, 남편은 먼저 입국하여 불법체류하면서 돈벌이를 하고 있었던 것이다. 이후 학생 관리를 책임지기로 했던 선교사에게 항의도 하고 관리에 만전을 기했지만 1개월 내에 몇 명을 제외하고 모두 이탈해 버리는 초유의 사태가 발생히였다. 그 때의 실망감이란 이찌니 그던지 그야말로 말로 표현하기 힘들 정도였다. 지금도 당시의 깨져버린 신뢰로 인해 우즈베키스탄 학생들에 대한 인식이 그리 좋은 편은 아니다.

당시 느꼈던 실망과 잃어버린 신뢰는 우즈베키스탄 전체국민 대상이 아닌 특정한 유학생 만임을 분명히 밝힌다. 오늘날 선량한 우즈베키스탄의 많은 젊은이들이 정식으로 노동비자를 발급받아 한국에서 고귀한 노동력을 제공하고 있으며, 우리나라 청년들과 결혼하여 이주한 젊은 여성들은 한국 사회에 적지 않게 기여를 하고 있다.

17

키르기스스탄의 세종학당 Kyrgyzstan

중앙아시아의 키르기스스탄

키르기스스탄(Kyrgyzstan)은 중앙아시아 내륙에 위치한 공화국으로서 1936년 소련을 구성하는 공화국이 되었으며, 1991년 8월에는 독립을 선언하고 12월 CIS(독립국가연합)에 가입한 나라이다.

국어는 키르기스어 및 러시아어를 공용어로 사용하고, 수도는 비슈케크(Bishkek)이다. 키르기스스탄의 면적은 199,990㎢로 남북한 면적보다 조금 작은 편이다. 인구는 약 670만 여명(2022년 기준)으로, 현재 키르기스스탄은 1개의 행정 도시인 오시와 7개의 주*로 구성되어 있다.

주변국으로는 우즈베키스탄, 타지키스탄, 카자흐스탄, 중국 등이 있으며 국토 전체의 40%가 해발 3,000m를 넘는 산간 지방이다. 중국과 국경에는 톈산(Tianshan) 산맥이 펼쳐져 있다. 톈산 산맥과 파미르(Pamirs) 아라이 산맥에 있는 산악 지역의 국가로 기후는 매우 건조하고, 국토 대부분이 산이기 때문에 중앙아시아의 스위스(Swiss)라 부르기도 한다. 남쪽에 위치하는 타지키스탄은 파미르 고원이 펼쳐져 있다.

키르기스스탄은 국토면적은 한반도와 비슷하지만 대부분을 농업위주로 살아가고 있고, 많은 젊은이들이 돈벌이를 위해 러시아, 한국 등의 국가에서 취업하여 경제활동을 하고 있다. 현지인들에

---

* 밧켄 주(밧켄), 추이 주(비슈케크), 잘랄아바트 주(잘랄아바트), 나린 주(나린), 오시 주(오시), 탈라스 주(탈라스), 이식쿨 주(카라콜) 등이다.

의하면 해외 취업 노동자들이 본국으로 송금한 외화가 국가 운영에 많은 도움을 주고 있다고 한다.

필자가 바라보는 키르기스스탄 인들은 비록 중앙아시아 5개국 중 가장 가난한 나라이지만 정치적으로 가장 안정되어 있고, 종교는 대부분 무슬림이지만 산악지형의 자연을 먹고 살아서 그런지 심성이 착하고 순수한 면이 있으나, 요즘은 해외 문물이 몰려온 탓으로 과거보다 그 순수성을 잃어가고 있는 듯하다.

주민은 키르기스인이 73.3%, 우즈베크인이 14.6%, 러시아인이 5.6%, 기타 0.1% 등이며, 주요 종교는 이슬람이고 의무교육은 9년이다. 산지의 목초지가 넓기 때문에 양의 이목을 행하고 있다. 호밀, 밀, 사탕무, 담배, 과수재배 등의 농업과, 석탄, 석유, 천연가스, 수은, 우라늄, 안티몬, 제분업, 제당업 등의 공업이 있다.

세종학당

2015년 경 중앙아시아**의 키르기스스탄국의 수도 비쉬케크에 소재하고 있는 아라바예바 국립대학(Arabayev National University)과 필자가 소속된 대학과의 자매결연 협정이 체결되면서 중앙아시아 진출의 교두보를 마련하게 되었다.

** 중앙아시아는 옛 소련의 5개 공화국을 지칭하는 것으로 카자흐스탄, 키르기스스탄, 타지키스탄, 투르크메니스탄, 우즈베키스탄이 여기에 속한다.

아라바예바 국립대학교와 교류 협정서 교환

아라바예바 국립대학 내에 한국의 문화와 한글을 가르치기 위해 국립세종학당의 지원을 받아 설립절차를 마무리 한 다음 인테리어 공사를 마치고 비쉬케크 세종학당을 개관하였다.

개관식에는 주 키르기스스탄 대한민국 대사, 한국문화원 원장, Arabayev 국립대학교 총장 등 관계자 여러분들이 참석하여 성대하게 진행되었으며 필자가 소속된 대학을 대표하여 개관축사를 하였는데, 그 순간 해외에서 필자의 소속대학과 국립세종학당 그리고 현지 Arabayev 국립대학이 공동으로 참여했다는 자부심과 함께 퍽이나 자랑스러워 예상보다 긴 축사를 했었던 것으로 기억된다.

비쉬케크에 세종학당 유치는 Arabayev 국립대학에서 한국어학과 교수이자 현지 교회의 담임목사님***의 적극적인 도움으로 이루어졌으며, 개관 후 세종학당의 학당장을 겸임하면서 세종학당을 통해 현지의 수많은 학생들에게 한국의 문화는 물론 한글을 가르치고 있다.

비슈케크 세종학당 개관식

*** 현지 선교사로 현지에 파송되어 활동하고 계시는 분으로 현지의 언어구사능력은 물론이고 현지 교회를 건축하여 헌당을 하고 현지 목사님에게 운영권을 넘기면서 기독교 복음화를 실천하고 있는 분이다. 또한 한국의 문화와 한글을 보급하기 위한 특별한 사명으로 세종학당 운영을 전담하면서 국립대학의 한국학과의 학과장을 맡고 있다.

더욱이 비쉬케크 세종학당은 Arabayev 국립대학의 한국학과 운영에 적지 않은 영향을 미쳐 현지의 많은 젊은이들이 선호하는 기관으로 명성을 얻고 있다. 세종학당은 필자의 소속대학을 비롯한 여러 대학과 연계하여 키르기스스탄 학생들의 유학을 지원하고 있다. 그러나 유감스럽게도 소속 대학의 여러 가지 사정으로 인해 비쉬케크 현지 세종학당은 2018년부터 타 대학의 지원으로 운영되고 있다.

현재는 한국과 키르기스스탄 간에는 국적기가 운항되지 않고 카자흐스탄 알마티를 경유하여 입국이 가능하지만 양국의 사회적, 문화적 교류가 더욱 활성화되어 국적기가 취항 할 수 있는 날이 앞당겨지길 기대해 본다.

청정지역의 매력, 산악 휴양지

산악 계곡에는 톈산 산맥과 파미르 아라이 산맥의 만년설이 녹아서 청정의 물이 흐르고, 산악의 온천지대는 주변국 관광객의 휴양지가 되고 있다. 특히 휴가철에는 러시아의 수많은 부유층 관광객이 휴양지를 찾는다고 한다.

산악관광을 하던 중 기후변화로 인해 만년설이 녹아 골짜기로 흘러내려오는 물을 이용하여 송어를 길러 판매하는 곳이 있었는데, 싱싱한 송어를 구매하여 현지 목사님 댁에서 직접 회를 떠 정말 맛있게 먹었던 기억을 아직도 잊을 수 없다.

키르기스스탄의 대표적인 휴양지는 텐산 산맥과 접해 있는 이식쿨(Issyk Kul) 호수로 수도 비쉬케크에서 자동차로 약 4시간 정도 걸린다. 호수의 물은 대부분 텐산산맥으로부터 만년설이 흘러들어 형성되며, 에메랄드빛으로 겨울에도 얼지 않는다고 한다. 길이가 180㎞, 폭이 60㎞, 최대수심 700m로 약간 염분이 있는 호수이다.

주변에는 온천지대가 여러 곳이 있으며 휴양시설이 갖추어져 여름 휴양철에는 세계 각국의 관광객이 찾는다고 한다. 우리나라에도 점점 알려지기 시작하여 텐산산맥의 트레킹(Tracking)을 비롯하여 휴양지에서 온천욕과 휴양을 위해 여름철에 카자흐스탄 알마티를 통해 적지 않은 관광객이 방문하고 있다. 그러나 산악지대는 험하고 춥고 눈이 많이 내리기 때문에 산악트레킹은 보통 5월에서 10월 사이가 가장 적합하다.

키르기스스탄의 온천 휴양지

한국은 부자나라이다?

우리나라에도 과거 개발도상국으로 남아있을 때 1970~80년대에 성행했던 부패가 아직도 중앙아시아 국가 일부 지역에서는 현재 진행형이다.

필자가 이와 같은 국가의 부정적인 내용을 지면에 고발하는 의도는 몸소 경험했던 것을 표면화하여 조금이라도 청렴한 국가로 발전하길 기대하며 경험했던 사실을 밝히고자 한다.

키르기스스탄 업무를 마치고 귀국길에 지인의 자동차를 이용하여 비쉬케크 공항으로 이동하는 과정에서 분명히 정상적인 속도로 달리고 있었는데, 도로 중간에 설치된 경찰 검문소의 경찰차가 우리의 차량을 향해 정지하라는 신호와 함께 따라오고 있었다. 이유는 우리 차량이 속도위반과 함께 정지신호를 무시하고 지나쳤기 때문에 검문소로 연행되어야 한다는 것이다. 사실 우리는 규정 속도로 달렸고 교통법규도 위반하지 않았기 때문에 경찰의 정지 신호를 인지하지 못하였던 것이다. 우리는 강제 연행되어 교통위반과 뺑소니로 처벌을 받아야 한다는 것이었다. 이 때 현지에서 꽤 오랜 기간 생활해왔던 지인이 상황판단을 빠르게 하고 경찰과 협상하여 소정의 협상금을 지불하면서 풀려나 가까스로 비행기에 탑승할 수 있었다.

후일에 인지한 사실이지만 현지의 경찰들은 한국인은 언제나 적지 않은 현금을 소지하고 있고, 특히 공항 탑승시간 때문에 급하다는 약점을 이용하여 교통위반 적발의 목표로 삼고 있다고 한다. 우리가 경찰 검문소에 연행되었을 때에 이미 동일한 위반으로 다른 한국인이 협상을 하고 있는 모습도 목격했던 것을 돌이켜보면 분명히 한국인이 먹잇감이었을 것으로 추정된다.

이와 같은 부패와 뇌물 수수는 극히 일부에서 자행되고 있으나, 상술되었던 바와 같이 대부분의 국민은 성실하고 순수하다는 것을 다시 한 번 밝혀둔다.

18

카스피해 연안의 불꽃

Caspian Sea

카스피해

카스피해(Caspian Sea)는 371,000㎢에 달하는 세계 최대 내륙호로 러시아(Russia), 아제르바이잔(Azerbaijan), 이란(Iran), 투르크메니스탄(Turkmenistan), 카자흐스탄(Kazakhstan) 사이에 위치하고 있다. 고대 그리스인들에게는 히르카니아해(Hyrcanian Sea)로 불렸으며 많은 석유와 천연가스가 매장되어 있다.

카스피해 주변 국가 간에 영해 확정을 위한 협의가 이루지고 있기 때문에 잠재적으로 분쟁의 소지가 있는 내륙호이다. 즉, 카스피해를 바다로 할 것인지 아니면 호수로 할 것인지에 따라 3가지가 문제가 발생된다. 즉 내륙국인 아제르바이잔, 투르크메니스탄, 카자흐스탄에게는 광물자원(석유. 천연가스), 어업, 그리고 국제 수역으로서 입지가 매우 중요한 역할을 한다. 카스피해가 바다로 인정되면 국외선의 통과를 허락하는 국제 조약이 유효하지만, 호수가 되면 의무가 없어진다.

여기에는 환경 문제도 발생한다. 또한 카스피해는 러시아의 해군 함정이 정박하고 있는 항구가 있기 때문에 러시아의 의견에 많은 영향을 받기도 한다. 관련국들의 협상 결과 카스피해는 2018년 8월 바다와 호수 중간의 특수 지위로 타결되어 오늘날에 이르고 있다.

카스피해 연안국인 아제르바이잔 공화국은 바다가 없는 내륙국으로 동쪽으로 카스피해, 북쪽은 러시아의 다게스탄(Dagestan)

공화국, 서쪽으로는 조지아(Georgia)와 아르메니아(Armenian), 남쪽으로는 이란과 접경하고 있다.

아제르바이잔은 튀르크예(Turkey)와 문화가 비슷하여 튀르크예어를 구사하는 사람은 어렵지 않게 아제르바이잔 어를 배울 수 있다고 한다. 특이한 것은 낙츠반(Nakhchivan) 자치공화국은 아르메니아의 남서쪽에 위치한 아제르바이잔의 고립된 영토로 아르메니아를 거치지 않고는 갈 수 없는 공화국이다. 아르메니아와 갈등으로 아르메니아 영토를 이용하지 못하고, 자동차를 이용하여 이란 영토를 통과하여 가거나 항공편을 이용해야 낙츠반 공화국을 방문할 수 있다.

주민은 아제르바이잔인이 90%로 가장 많은 비중을 차지하고, 러시아인이 3%, 아르메니아인이 2%, 다게스탄 인이 3%, 소수의 튀르크예 인으로 구성되어 있다.

아제르바이잔은 석유와 석유제품, 기계제조, 면화, 과수, 포도주 양조, 양잠업으로 널리 알려져 있으며, 에너지원은 질 좋은 석유, 천연가스, 수력전기이다. 공업은 석유업 장치류, 강관, 알루미늄의 제조 등이다.

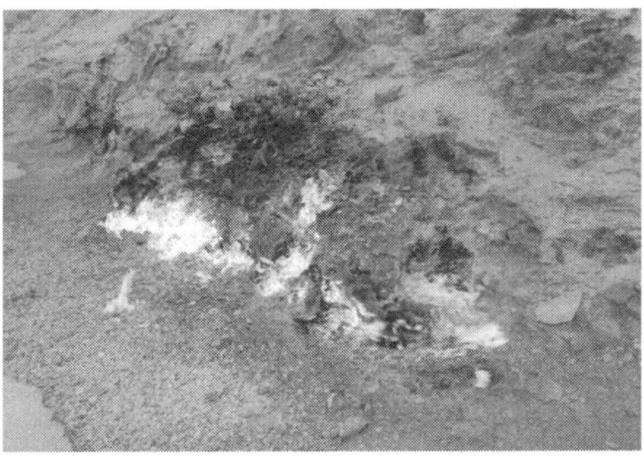

카스피해 연안 도시 바쿠의 꺼지지 않는 가스 불꽃

필자가 아제르바이잔의 수도 바쿠(Baku)를 처음 방문하였을 때 인상 깊었던 것은 바쿠시의 카스피해 연안 지역의 수많은 석유 시추 시설이었다. 또한 연안에는 지상으로 천연가스가 분출되어 불꽃이 피어오르고 있었는데, 1년 내내 지속적으로 가스가 분출되어 불꽃이 꺼지지 않는다고 한다. 석유나 가스가 생산되지 않는 우리나라 사람들이 이와 같이 자연적으로 가스가 분출되어 불꽃이 활활 타오르는 광경을 목격하면 신기할 수밖에 없을 것이다.

비록 카스피해의 대륙붕 해저에서 석유를 생산하고 있는 국가일지라도 1인당 GDP는 4,214달러(2020년 기준)로 비교적 가난한 나라이긴 하지만, 코카서스(Caucasus) 3국(아르메니아. 조지아, 아제르바이잔)중 경제규모는 제일 크다.

석유와 천연가스의 자원이 풍부함에도 불구하고 경제적으로 가난을 면하지 못하는 이유는 여러 가지 원인이 있겠으나, 무엇보다 정치 지도자들의 리더십 부족과 빈부의 차가 심하기 때문일 것이다.

아제르바이잔의 한류

2009년 10월 국립국제교육원 주관으로 아제르바이잔 바쿠 외국어 대학에서 개최된 유학박람회 참가를 계기로 아제르바이잔에 뿌리내리고 있는 한류열풍을 현지에서 감지할 수 있었기 때문에 아제르바이잔에 많은 관심을 갖게 되었다.

한류열풍으로 인해 박람회장은 예상했던 인원수를 훨씬 초과하며 성대하게 진행되었다. 박람회에는 아제르바이잔 교육부장관을 비롯한 대학 관계자가 참석하였고 한국 측에서는 주 아제르바이잔대사, 국립교육원장을 비롯한 행사관계자들과 참가 대학의 국제교류 관계자들이 참석하였다.

박람회 직전에는 아제르바이잔 교육부장관과 참가대학 국제교류처장들 간의 간담회가 진행되어 한국의 교육에 대한 관심이 대단함을 느낄 수 있었다. 당시 아제르바이잔 교육부 장관은 한국의 참가대학 책임자 모두에게 발언권을 주며 한국의 교육환경과 시스템에 많은 관심을 보였다.

현지의 지인으로부터 한류에 대한 의외의 제안을 받기도 하였는데, 한국의 특정 아이돌 그룹을 아제르바이잔에 초청하여 공연을 할 수 있는지 여부의 제안이었다. 당시 예산으로는 한화 2억 정도로 기억하고 있는데, 한국에 귀국하여 이벤트 관계자를 통해 알아본 결과 대부분 아이돌 그룹은 해외 공연이 있을 경우 자체 음향 장비 모두를 함께 이송해야하기 때문에 그 예산으로는 불가능하다고 하여 제안을 해결해 주지 못했다.

이와 같은 한류열풍으로 인해 많은 젊은이들이 한국 유학을 희망하고 있다는 사실을 확인하고 2010년 4월에 다시 아제르바이잔을 방문하여 바쿠국립대학과 낙츠반 자치공화국의 낙츠반국립대학교를 방문하여 자매결연을 체결하고 교환학생 프로그램을 시작으로 아제르바이잔 학생들을 유치할 수 있었다. 특히 낙츠반국립대학교는 총장의 적극적인 지원으로 대학의 중요행사에 귀빈으로 초청되어 이벤트를 관람하거나 행사에 직접 참여할 수 있었다.

아제르바이잔 교육부 장관 간담회

유학박람회에서 학생상담

아제르바이잔 국민의 대부분은 무슬림이고 타 종교의 선교활동이 금지된 국가이기 때문에 한국의 특정 기독교 선교사들은 현지 대학에 유학을 하면서 간접적으로 선교활동을 하고 있었는데, 당시 낙츠반국립대학교에도 선교활동을 위한 목적으로 한국 유학생 여러 명이 유학을 하고 있었다. 개인적인 정보이기 때문에 신상을 밝힐 수 없으나, 현지 대학과 원활한 관계를 유지하고 유학생을 유치하는데 많은 도움을 주기도 하였다. 한류열풍에 힘입어 현지 대학의 한국 유학생들도 특별한 어려움 없이 유학생활을 할 수 있었다고 한다.

필자가 낙츠반국립대학을 방문할 때마다 국제교류 관계자와 학생들을 대상으로 한국교육과 경제에 대한 특강을 하였다. 특강을 마치면 언제나 특별 공연이 실시되었는데, 대학의 특별 행사에는 반드시 한국 공연이 일정에 포함되어 한국 유학생들이 전통춤을 비롯하여 전통악기를 연주하여 현지 학생들로부터 많은 박수갈채를 받기도 하였다.

권력의 힘

어느 나라도 마찬가지겠으나 빈부격차가 심한 국가일수록 정치적 권력의 힘이 상상 이상임을 경험하였다. 아제르바이잔은 낙츠반 자치공화국 수반과 국립대학총장을 대통령이 임명하기 때문에 절대적인 권력을 갖고 있었다.

낙츠반국립대학교의 초청으로 아제르바이잔을 방문하면서 겪었던 경험을 소개하고자 한다. 낙츠반 자치공화국은 정치적으로 아르메니아와 적대적 관계에 있기 때문에 지리적으로 고립되어 이란의 육로를 이용하거나, 항공편을 이용할 수밖에 없다. 따라서 수도 바쿠에서 항공편으로 낙츠반자치공화국을 방문하였는데 공항 공무원들의 서비스는 아직도 소련연방 시절의 사회주의 이념의 뿌리가 남아있기 때문인지 불만족 수준이었다. 다행스럽게 낙츠반국립대학 관계자가 바쿠 공항까지 영접을 나와 낙츠반공화국까지 동행하여 특별한 문제는 없었다.

다음날 낙츠반국립대학의 총장은 낙츠반자치공화국의 대통령을 예방할 수 있도록 특별 방문일정을 잡아놓았다. 따라서 필자는 공화국의 대통령을 예방하여 담소를 나누었는데, 대부분 한류에 대한 대화를 했던 것으로 기억된다. 대통령의 말에 의하면 대통령궁을 방문한 최초의 한국인이라며 반갑게 환영해 주었다. 이 자리에는 대통령의 가족도 함께 배석하여 한류에 대한 이야기를 함께 나누었는데, 여기에서 다시 느낀 점은 권력의 힘이었다. 우리나라의 경우 대통령 가족이 특별 의전절차 없이 감히 방문객 영접에 사적으로 참석할 수 있겠는가?

환담을 마치고 대통령궁 앞에서 단체로 사진을 찍었는데, 다음날 공화국 신문 1면에 필자의 방문 내용의 기사와 함께 사진이 게재되었다. 대통령 예방에 배석하였던 가족 관계자는 개인전화번호도 알려주어 언제든지 아제르바이잔에 머무는 동안 문제가 있으면 연락하라는 호의를 베풀기도 하였다. 따라서 다음날 자치공화국 낙츠반 시장 예방 일정에 대통령 가족이 동행하였는데, 가족의 전화 한 통화로 약속을 잡을 수 있었다.

낙츠반 시장을 만나 대화를 이어가는데 여지없이 한류의 내용으로 시작하여 한국의 막강한 경제력을 화제로 이야기를 이어가는 도중, 뜻밖에도 시장은 친동생이 한국에서 노동자 비자를 발급받아 기업에서 근무했었는데 비자의 유효기간이 종료되어 불법으로 체류하면서 돈벌이를 하고 있다고 자랑스럽게 이야기 하였다. 당시 필자는 한국의 경제적 부흥의 힘과 국력이 얼마나 중요한 것인지를 깨우칠 수 있는 계기가 되어 한국인으로서의 자부심을 갖고 더욱 더 열심히 살아야겠다는 다짐을 하게 되었다.

대학방문을 마치고 도시 주변을 대통령 가족과 함께 대통령 공용차를 이용하여 관광을 하는데 대통령 가족의 권력을 다시 한 번 목격할 수 있었다.

고속도로를 달리던 중 대통령 가족은 자랑이라도 하듯이 도로에서 속도위반 따윈 전혀 신경 쓰지 않는다고 하면서 무서울 정도로 고속도로를 달리도록 운전기사에게 지시하였다. 잠시 후에 보란 듯이 대통령 가족은 경찰서에 전화를 걸어 방금 엄청난 속도로 달리는 모습의 카메라에 찍힌 속도위반 사진을 핸드폰으로 전송받아 보여주었다. 즉, 아무리 사회적 규정이나 법률을 위반할지라도 권력자는 제외된다는 무언의 메시지를 주고 있는 것이었다. 우리나라도 과거에 이와 같이 특정인들이 권력의 힘을 사용했지 않았을까?

방문일정을 모두 마치고 귀국길에 낙츠반자치공화국 공항에서 탑승수속을 하는데, 대통령 예방에 대한 기사가 있는 신문을 소지하고 공항 공무원들에게 보여주면서 신문 기사와 같이 대통령을 예방하고 돌아간다는 이야기 한 마디에 모든 것이 무사통과되었다. 다시 바쿠공항에서 환승하면서 신문기사를 보여주면서 특별대우를 받고 귀국을 했던 경험이 있다.

결론적으로 개발도상국과의 무역이나 관계를 맺을 경우에는 군부나 정치권의 줄이 있어야 한다는 소문이 헛소문이 아닌 듯 특별한 경험을 통해 새로운 사회적 현상을 파악할 수 있었다.

19

자유의 상징 몰도바

Moldova

자유를 갈구하는 몰도바

몰도바는 우리나라 국토 0.33배(33,000㎢) 규모의 작은 나라이다. 인구는 약 402만여 명(2021년 기준)으로 수도는 키시네프(Kishinev)이며, 산이 거의 없는 평지로 이루어져 평화로운 농업 국가이다.

몰도바의 근대사를 살펴보면 주변국의 강압적인 침략이나 합병 등으로 진정한 자유를 보장받지 못하고 살아온 비운의 국가이기도 하다. 몰도바는 1918년에 루마니아(Rumania)에 합병되었으나, 1940년 소비에트(Soviet) 연방에 의해 점령된 후 소비에트 연방공화국으로 편입되어 1991년 소비에트 연방이 붕괴될 때까지 소비에트 연방공화국이었다. 1992년 3월에 몰도바는 국제연합으로부터 정식 국가로 인정을 받았으며, 1991년 12월 독립국가연합(CIS)의 회원국으로 가입하게 되었다. 1991년 소비에트 연방의 붕괴 이후 몰도바의 드네스트르(Dniestras)강 동쪽 연안과 서안의 벤데르(Bender) 지역의 트란스니스트리아(Transnistria)는 몰도바로부터 독립을 주장하고 있으나, 국제사회로부터 인정받지 못하고 있다. 그러나 현재는 러시아의 지원과 러시아군 주둔으로 사실상 독립한 상태이다.

몰도바 국민도 트란스니스트리아의 친지 방문이나 현지 여행을 위해서는 출입국 절차를 밟고 있는 것을 미루어볼 때 몰도바도 독립국가로 인정하고 있는 것이나 다름없다.

트란스니스트리아는 4,163㎢의 규모이며 수도는 티라스폴(Traspol)로 2개 시와 5개 구로 구성되어 있고, 인구는 약 47만여 명(2021년 기준)에 불과하다. 러시아는 트란스니스트리아에 대해 경제적 지원은 물론이고 외교적, 군사적 지원을 함으로써 사실상 러시아 통치 국가이다. 현재는 약 1,500명의 러시아 연방군이 평화유지군 명목으로 트란스니스트리아에 주둔하고 있다.

2006년 트란스니스트리아에서 실시된 국민투표에서는 전체 유권자 가운데 97.2%가 몰도바로부터 현재 상태로 독립을 유지하고 러시아와의 병합을 희망하는 것으로 나타났다. 또한 2014년 러시아의 우크라이나 크림반도 합병과 2022년 2월 러시아의 우크라이나 침공으로 우크라이나와 무력충돌이 종종 발생하기도 하였다.

농업국가 몰도바의 저렴한 현지 판매 사과

만약 러시아와 우크라이나의 전쟁이 러시아의 승리로 끝난다면 몰도바도 러시아의 침략 대상국의 하나가 될 것이다. 왜냐하면 몰도바는 지리적으로 우크라이나 서쪽에 인접해 있으며, 이미 국제사회에서 인정받지 못하고 있는 몰도바 접경의 트란스니스트리아에 러시아 평화유지군이 파견되어 있기 때문에 우크라이나 전쟁결과에 따라 몰도바의 운명이 바뀔지도 모른다.

몰도바 공무원의 서비스

우리나라에서 몰도바를 방문하기 위해서는 튀르크예 이스탄불(Istanbul)을 거쳐 키시네프로 가는 방법과 모스크바(Moscow)를 거쳐 가는 방법이 있다.

필자는 2013년 10월 몰도바 교육부 초청으로 몰도바 관광연합회가 주최하는 세미나에 참석하기 위해 튀르크예 이스탄불 공항에 도착하였다. 당시 우리나라 국민이 몰도바를 방문하기 위해서는 방문비자를 발급받아야 했다. 따라서 몰도바행 비행기가 오후 3시이기 때문에 가능하면 신속하게 비자를 발급받은 후 이스탄불 시내를 돌아볼 목적으로 이스탄불 주재하고 있는 몰도바 영사관 개관시간인 오전 9시에 도착하여 비자발급 서류와 함께 몰도바 교육부 장관의 초청장을 제출하고 비자발급을 기다렸다. 당시 영사관에는 민원을 위한 방문자가 필자 외는 아무도 없었음에도 불구하고 10시가 지나도 비자 발급을 미루고 있기에 담당 사무관에게 독촉을 하였으나, 사무관이 퉁명스런 말투로 필자를 나무랐다. 사무관의 이야기는 비자발급을 위해서는 최소한 1일 정도가 소요되는데 특별히 12시까지 발급해 주려고 노력하고 있음에도 불구하고 무례하게 독촉을 한다는 것이었다. 그러나 사무관에게 '당신의 나라 교육부 장관이 발급한 초청장에 분명히 시간 지체 없이 즉시 비자를 발급해 달라는 문구가 있지 않은가?'라고 따졌으나, 막무가내로 거절하고 겨우 12시가 되어서 여권에 비자 스탬프(Stamp)를 찍어주었다.

이와 같은 몰도바 영사관의 비합리적이고 무례한 서비스 경험은 몰도바의 과거 사회주의 마인드가 아직도 남아있다는 것을 증명하고 있었다. 비자발급을 위해 몰도바 영사관 내에서 오전 시간을 보내고 겨우 이스탄불 시내에서 점심 식사 후 몰도바 항공기에 탑승할 있었다.

몰도바로 향하는 비행기 내에서 다음날 예정되어 있는 세미나 특강에서 이스탄불 주재 몰도바 영사관에서 경험한 내용을 밝히겠다는 다짐을 하였다. 이스탄불 주재 몰도바 영사관 관계자로부터 부당한 대우와 무시당한 탓이었는지 밤새 위장이 아파 잠을 이루지 못하였다. 새벽에 현지 긴급 구급대를 호출하여 담당 간호사가 처방한 진통제 주사 투약으로 진정시킨 후 아침식사도 거른 채 강의를 위해 숙소를 나왔다.

이윽고 특별강연자로서 강의가 몰도바 자유대학교 세미나실에서 시작되었다. 강연에는 정부 고위관료는 물론, 관광연합회 관계자, 대학의 영어구사능력이 있는 약 300여 명의 학생들과 교직원, 그리고 교육부 관계자가 참석하였다. 주제는 '한국 관광객 유치 전략'이라는 제목으로 특강이 약 1시간 30분 동안 진행되었는데, 비교적 진지하게 경청하고 있다는 인상을 받아 퍽이나 행복했다. 특강 말미에 이스탄불 주재 몰도바 영사관에서 경험했던 서비스에 관해서 가감 없이 밝히면서 해외관광객을 유치하기 위해서는 유연하고 무한적으로 배려하는 서비스가 필수적이라는 것을 호소하듯이 강력하게 공무원 서비스의 개선을 주장하였다. 이와 같은 서비스 정신이 오늘날 한국이 많은 외국 관광객을 유치할 수 있는 계기가 되었다는 것으로 특강을 마쳤던 경험이 있다. 이 때 필자의 강연을 경청한 교육부의 고위직 간부와 관광연합회의 관계자가 몰도바 외교부에 정식으로 건의한 결과, 2014년부터 우리나라 국민이 몰도바를 무비자로 방문할 수 있도록 제도화 하였다.

유리 페드코비치 국립대학 본관 내부

몰도바 자유대학에서 특별 강연 장면

유리 페드코비치 국립대학의 아름다운 캠퍼스

몰도바 일정을 모두 마치고 몰도바 국경에 인접해 있는 우크라이나 서북쪽에 소재하고 있는 유리 페드코비치(Yuriy Fedkovich Chernivtsi) 국립대학을 방문하였다. 유리 페드코비치 국립대학과 자매결연을 위한 협정에 관해 협의 결과 향후 구체적인 프로그램을 적극적으로 개발하여 교류를 활성화시키기로 하였으나, 국립대학인 만큼 교류에 많은 제약이 있었기 때문에 특별히 교류를 진행시키지 못했다.

유리 페드코비치 국립대학은 과거 소비에트 연방시절의 찬란한 문화를 증명이라도 하듯이 캠퍼스가 고풍스러웠고 강의실이 아름다운 디자인으로 건축되어있어 감동을 받았던 것으로 기억된다. 참고로 우크라이나는 정치적 갈등으로 인해 비록 2022년 초에 러시아와 전쟁 중인 국가이지만 진정한 자유를 위한 사회적 개혁으로 서방의 지원을 받고 있는 국가이기도 하다.

몰도바 유학생의 끼

몰도바 현지에 파견되어 선교활동을 하고 있던 지인의 소개로 몰도바 키시네프 소재 자유대학(Free International University)과 2012년 자매결연 협약을 체결하고, 교환학생을 비롯한 유학생 프로그램이 한국의 소속대학교와 활발하게 진행되면서, 다양한 분야에서 인적교류가 이루어졌다.

당시 몰도바 자유대학은 총장의 개혁적 마인드로 인해 과거 소비에트 연방국 시절의 사회주의식 경영을 탈피하여 학생들에게 비교적 자유로운 활동이 보장되는 가운데 글로벌 수준의 교육 서비스가 제공되었다.

자유대학 총장의 전언에 의하면 과거 소비에트 연방공화국이었을 때는 자유가 억압되어 자유롭게 학창시절을 보낼 수 없었기 때문에 소련으로부터 독립한 후 몰도바의 많은 학생들에게 자유로운 학문을 연구할 수 있는 환경을 제공할 목적으로 수도에 글로벌 수준의 대학을 직접 설립하였다고 한다.

몰도바 자유대학에서 여러 명의 유학생이 편입학하여 한국 학생들과 함께 수학했던 몰도바 학생들의 특유한 끼는 많은 사람들을 감동시키곤 하였다. 먼저 한국어 구사능력에서 타국의 유학생들보다 탁월하였으며, 특별활동 프로그램에서 노래와 춤으로 유감없이 그들의 끼를 발산하였다. 한국어 경시대회에서도 최우수상을 받는 등 유학생들의 대학 간 특별프로그램에 참가하여 특별상을 수상하기도 하였다. 또한 몰도바 유학생중 한 여학생은 국내 방송국이 주최하는 유학생 노래자랑에도 출연하여 대학 홍보에 많은 기여를 한 바 있다.

필자가 소속된 학과에서 수강하였던 어느 몰도바 학생의 성실함을 잊을 수 없다. 해당 강좌에는 여러 명의 타국 유학생이 함께 수강을 하고 있었지만, 유독 몰도바 학생의 수강 태도는 유럽에서 진행되는 강의를 연상시켰을 정도로 날카로운 질문과 함께 자신의 견해를 밝히기도 하며 진지한 강의로 인해 스승으로서 무척이나 즐거운 강의를 진행할 수 있었다.

또 하나의 일화로 신실한 기독교 교인이었던 어느 몰도바 여

학생과 네팔 남학생이 눈이 맞아 사귀면서 기독교인으로서의 감정이었는지 아니면 순수한 남녀관계의 감정이었는지는 모르겠으나, 유학생활 중간에 양가 부모로부터 결혼허락을 받고 결혼하기도 하였다. 국적이 다른 유학생의 결혼이었기 때문에 특별히 축하해 주었으며, 유학생활하면서 결혼하였기에 남다른 관심으로 보살펴주기도 하였다. 또한 국내 타 대학의 대학원에 진학하는데 추천서도 직접 작성해 주기도 하였다.

유학을 마친 대부분의 학생들은 대한민국 대사관이나 기업에 취업하여 나름대로 가진 끼를 다시 한 번 발휘하는 것을 보며 유학생 유치를 책임지고 있었던 당사자로서 뿌듯한 자부심을 가질 수 있었다.

몰도바 자유대학 학생의 K-POP 댄스

20

베트남인들의 두 마음 Vietnam

베트남과 한국의 기구한 운명

베트남은 동남아의 신흥 개발도상국으로서 가파른 경제 성장률을 자랑하고 있는 국가로 한반도의 약 1.5배의 면적에 약 1억여 명(2022년 기준)의 인구를 보유하고 있는 나라이다. 비록 1인당 GDP는 3,743달러(2021년 기준)로 아직 낮은 수준이지만 경제 전문가들의 분석에 의하면 오는 2028년에는 동남아시아의 신흥 강국으로 진입할 것으로 전망하고 있다.

한 때 베트남은 우리나라와는 전쟁 대상이었던 기구한 과거사를 기록하고 있다. 과거 공산주의의 북베트남과 민주주의의 남베트남이 북위 17도를 기점으로 분단된 상태에서 미국이 남베트남을 지원하는 과정에서 북베트남과 약 20년간 전쟁을 하였는데, 당시 우리나라에 주둔하고 있던 미군을 베트남 전쟁에 투입하는 것을 막기 위해 박정희 전 대통령이 먼저 미국에 우리 군을 베트남에 파병을 하겠다는 제안을 하였다고 한다. 1964년 9월 의무대와 태권도 교관 단이 파견된 것을 시작으로 1967년 8월까지 4차례에 걸쳐 국군이 베트남에 파견되었다. 육군(맹호부대), 해병 2여단(청룡부대)의 전투 병력이 파견되었고, 이어서 육군(백마부대)을 파견하여 베트남 전쟁에 주역으로 참여하게 되었다. 그러나 베트남 국민의 불분명한 사상과 국민성으로 전쟁이 파죽지세로 기울게 되자 미국은 베트남을 위해 미군을 희생시키지 않기 위한 철군(사실상의 패배)으로 20여 년간의 베트남 전쟁은 막을 내리게 되었다.

그 동안 우리나라는 1965년부터 1973년까지 8년에 걸쳐 약 5만여 명의 병력이 파견되어 대규모의 한국군(누계 합산으로 총 30만)이 베트남 전쟁에 참전하여, 5,000여 명의 병력이 전사하였고 1만 여명이 부상을 당했다고 한다. 전쟁이 막을 내리자 약 5천명의 국군이 사망하여 가족 품으로 돌아오지 못했고, 고엽제(枯葉劑, 영어 : Defoliant)*로 인해 전쟁 후유증으로 오랜 기간 동안 파병의 흔적을 감수해야 했다.

또한 파병기간동안 한국군들은 베트남 여성들과 관계를 맺고 결혼을 한 경우도 있었으며, 이때 한국남성과 베트남여성 사이에 태어난 아이들을 라이따이한(Lai Daihan)이라고 한다. 종전이후 사회주의국가가 된 베트남에서는 이러한 라이따이한은 '적국 군인의 자식'이라는 경멸의 뜻으로 사회적인 차별과 경제적인 궁핍 속에서 살아야 했다.

한국인 아빠들은 물론이고 한국정부도 특별한 관심을 두지 않았으나, 1992년에 정부차원에서 정식으로 라이따이한 문제를 인정하고 사과하였지만, 그들은 이미 차별과 굶주림 가운데 세상에 버려진 이들이라는 사실을 돌이킬 수 없는 상태로 살아가고 있다. 우리나라가 과거 일본군이 저지른 위안부에 대한 뼈아픈 상처를 돌이켜 보건대 적극적으로 문제 제기는 하되, 상황은 다를지라도 베트남 전쟁에서 우리가 저지른 행태도 반성해야 될 것이다.

* 나무나 잡초를 제거하기 위해 생산된 제초제를 일컫는 것으로 베트남 전쟁에서 미군이 정글에 숨어 있는 베트공을 사살하기 위한 목적으로 살포하였다. 당시 미군이 사용한 고엽제는 에이전트 오렌지로서 다이옥신이라는 화학적 불순물의 성분은 치사량이 0.15g이며 청산가리의 1만배, 비소의 3000배에 이르는 독성을 가지고 있다.

베트남 정권이 전후 복구를 위해 재빠르게 외국 원조를 비롯하여 경제개발을 위한 전면적 개방으로 가파른 경제부흥을 이루어 가면서 미국이나 우리나라와 국교를 정상화하 하고 있는 것은 퍽이나 다행스런 현상이 아닐 수 없었다. 그 결과 우리나라 대기업들이 현지에 공장을 건설하는 등 천문학적인 투자를 한 결과 베트남과의 관계가 점차 회복되고 있다.

그러나 베트남과 특별한 관계의 과거사를 돌이켜 볼 때 베트남인들은 우리나라에 대한 불신의 DNA가 머릿속에 잠재하고 있을 것으로 생각된다. 이와 같은 생각은 베트남 현지인들과 대화를 하면서 무의식적 언행을 통해 가끔 필자가 피부로 느끼는 주관적 판단에서 비롯되었다.

베트남 투자와 유학생 유치

2000년대부터 베트남에서는 한류 영향으로 수많은 젊은이들이 한국으로 취업을 희망하였고, 유학을 적극적으로 희망하고 있었는데, 수요 폭증으로 비자발급을 비롯하여 한국에 정착과정에서 적지 않은 문제점이 발생되기도 하였다.

구체적인 예로는 비자 발급을 위한 허위서류, 문서조작, 허위학력 등으로 대사관에서 비자를 발급하는 과정에서 진위 여부를 조사하는데 많은 어려움이 있었다. 실제로 허위 서류를 제출하였음에도 불구하고 비자가 발급되어 한국에 도착하자마자 이탈하여 돈벌이를 위한 불법체류자가 점점 늘어나 한 때는 우리나라 외국 유학생 중 베트남 국적의 불법체류자들이 가장 많기도 하였다.

이와 같은 불법체류자들의 배경에는 언제나 우리나라 중개인들이 끼어 그들이 돈벌이를 위한 불법체류가 가능할 수 있는 방법을 제공하고 있었다. 당시 한국의 대학들은 베트남 유학생을 중개인들을 통해 유치하였기 때문에 비자발급 서류 변조와 위조, 입국 후의 조직적인 이탈 등으로 많은 시행착오를 격고 있었다. 그러나 필자는 그와 같은 문제점을 해결하기 위해 현지 교육기관과 협력하여 직접 유학생을 유치하기 위한 계획을 수립하고 차별화된 방법으로 유학생을 유치하였다.

2000년 대 중반에 베트남으로부터 유학생을 유치할 수 있는 연결고리가 없어 부득이 하게 현지의 유학원을 공략하여 유학생을 유치하였으나, 유학생을 특별한 방법으로 유치하기 위해 대부분의 대학에서 유치하고 있는 유학박람회나 사이버 공간을 통한 평범한 방식을 탈피하여 베트남 현지에 한글학교와 컴퓨터 기초과정을 설치하여 교육원에서 수학 후 일정한 수준에 도달할 경우 대학입학 자격을 부여하는 신입학 전략을 계획하고, 현지 교육기관과 공동 투자 형식으로 교육기관을 설립하였다.

베트남 현지인은 건물을 임대하고 대학은 컴퓨터 교육과 시스템 시설을 구축하여 교육원을 개관하였다, 한국 측에서는 각종 교육프로그램을 제공하며, 교수진도 파견하기로 하였지만 교육원의 프로그램이 운영되면서 예상하지 못한 상황으로 적지 않은 문제점이 발생하였다. 대학에서 컴퓨터 전공 교수 한 분을 파견하고 현지 학생들을 모집하여 프로그램을 운영하였으나, 학생 모집을 위한 홍보비를 비롯하여 감당하기 곤란한 각종 비용을 추가적으로 요청하여 계약된 내용을 중심으로 많은 언쟁을 벌인 경험이 있다. 당시 필자는 현지(하노이) 교육원의 책임자로 등록되어 있었기 때문에 운영에 대한 문제가 발생할 때마다 베트남을 방문하여 회의를 진행했었는데, 나중에 파악된 일이지만 베트남 측 대표는 영어를 구사할 수 없기 때문에 영어통역을 대동하고 회의를 진행하였는데, 영어통역을 담당하는 베트남인과 한 편이 되어 회의가 베트남 측의 요구대로 진행되어 곤란한 경우도 있었다.

교육원 운영에 대해 더 이상 감당할 수 없는 상황이었기 때문에 교육원을 폐쇄하기로 결정하고 계약파기와 함께 철수를 통보하였다. 이에 베트남 측에서는 현지 검찰에 법적 절차를 밟아 손해배상을 요구하는 등 법적 분쟁으로 인해 많은 어려움에 처한 경험은 아직도 쓰라린 상처로 기억되고 있다. 그 동안 베트남의 유학시장을 어느 정도 파악하고 국민성을 인지한 후 베트남으로부터 유학생 유치 전략을 수정하여 대학이나 현지 한국어 학교를 통해 비교적 많은 유학생을 유치할 수 있었다.

상술한 바와 같이 수많은 기업들이 베트남에 천문학적 규모의 투자로 베트남 경제의 약 30%를 차지 할 정도로 많은 성과를 기록하고 있으나, 경제부흥에 취한 베트남인들은 마치 한국기업들이 자국에서 많은 이익을 얻는 것처럼 생각해 각종 규제로 기업운영을 어렵게 하였고, 종업원은 현지 기업에서 받는 임금보다 훨씬 많은 임금과 각종 복지로 보상하고 있음에도 불구하고 더 많은 보상을 요구하고 있기 때문에 부득이하게 엄청난 규모의 손해를 감수하고 철수를 결정했다는 소식은 과거 필자가 경험했던 것과 무엇이 다르겠는가?

또한 프랑스 식민지로부터 독립과 미국과 전쟁을 겪었음에도 불구하고 과거의 정치적 적대관계를 청산하고 통일 베트남 정부의 신속한 개방은 선진국들로부터 적지 않은 투자를 유치하여 가파른 경제성장을 이어 온 베트남 정부에 찬사를 보내왔지만, 최근 베트남에서 벌어지는 일련의 사태를 관망하면서 미래가 불투명할 수도 있다는 부정적인 생각을 자아내게 한다.

2020년 코로나 19가 전 세계적으로 전염되고 있을 때 베트남 언론은 사업을 위해 베트남을 방문하는 한국인을 향해 코로나19를 전염시키는 주체로 간주하여 혐한 감정을 드러내더니만, 2022년에는 베트남 현지 공장을 운영하는 대기업이나 중소기업들에게 부당한 요구로 많은 불이익을 초래한 결과 대부분의 기업이 추가 투자를 망설이고 현상유지 혹은 철수 계획을 세우고 있는 과정에서도 베트남 언론은 한국의 투자가 베트남 경제에 도움이 되지 않고 베트남 스스로 경제부흥을 이뤄낼 수 있다는 자신감과 함께 혐한 감정으로 우리 국민을 자극하고 있다.

베트남의 정치는 사회주의 기반으로 이루어지고 있고, 경제는 자본주의 체제를 추구하고 있는 국가로서 아직도 공산주의에 대한 뿌리가 살아있는 자본주의와 사회주의의 체제가 혼재되어 있는 국가임에 틀림없다. 실제로 정부의 통계에 의하면 베트남과 한국 간 무역이 매년 성장하고 있으며, 여전히 한국 상품 구매가 증가하고 있는 추세임에도 불구하고 일부 언론이나 단체에서는 한국 상품 불매운동이 진행되고 있다고 보도되고 있다. 이와 같은 통계와 언론의 오류는 아마도 사회주의의 체제하에서 이루어졌던 정부의 언론 통제에서 비롯되었을 것으로 추정된다. 그러나 이제는 정치적 이념을 벗어나 자국의 이익은 추구하되, 자유와 평화가 보장된 상태에서 더불어 살아가는 세상으로 나아가야 한다는 것을 상기시키고자 한다.

관광대국의 가능성

베트남은 지리적으로 베트남은 위도 14도, 경도 108도에 위치하고 있는 국가로 남북 길이가 무려 1,650㎞로 남북으로 길게 뻗어 있는 인도차이나 반도국으로 태평양 연안국이다.

인도차이나 반도 국가는 태국(Thailand), 캄보디아(Cambodia), 미얀마(Myanmar), 라오스(Laos)를 지칭하며, 하노이는 베트남의 수도로 유명한 관광지이기도 하다.

해안선 길이가 무려 3,300㎞가 넘고 북부 수도 하노이에서 남부도시 호치민까지는 2,200㎞에 이른다. 북쪽은 중국, 서쪽은 라오스, 캄보디아가 국경을 맞대고 있고, 동쪽은 중국남해와 접해 있다. 베트남 국토의 지형은 S자 모양으로 베트남 동서의 길이 중 가장 좁은 곳은 약 50㎞고, 가장 넓은 곳은 약 500㎞이다. 이처럼 남북으로 길게 뻗어 있기 때문에 베트남은 연중 덥다고 생각하면 큰 오산이다. 엄연히 4계절이 존재하여 북쪽 지방의 겨울은 겨울용 점퍼를 착용해야 하는 날씨이다.

북부지역은 아열대로 연간 온도 차가 커서 최저 기온과 최고기온 차가 약 20℃에 달하는 지역도 있으나, 남부지역은 열대 몬순(Monsoon)기후로 연간 온도 차가 크지 않아 연간 최저 및 최고기온 차는 약 7℃ 정도이다. 따라서 우리나라 골퍼(Golfer)들이 여름에는 비교적 시원한 해발 고도가 높은 지역의 골프장에서 골프를 즐기기 위해 베트남을 방문하기도 한다.

강우량은 전국적으로 연 평균 1,800mm 정도이나 우기 때는 더 높은 강우량을 기록한다. 호 치민(Ho Chi Minh)시를 비롯한 남부지역은 우기(5월~10월)와 건기(11월~4월)가 6개월씩 교차되며, 하노이를 비롯한 북부지역은 사계절의 변화로 인해 연말과 연초의 기후가 한국의 4월 날씨와 비슷하다. 따라서 열대성 기후와 함께 해안선을 비롯하여 산악지형이 조화롭게 어우러져 휴양지로서의 조건을 갖춘 천혜의 관광지가 다양하게 분포되어 있기 때문에 전세계의 여행자들이 찾는 매력 있는 국가로 발돋움하고 있다.

우리나라의 관광객도 급격히 늘어나고 있는 추세이다. 베트남은 신흥 개발도상국가이기 때문에 이동수단으로써 자동차보다 오토바이(Auto Bicycle)가 훨씬 많은 비중을 차지하고 있다. 실제로 하노이나 호치민 시를 비롯한 중소도시에서 오토바이를 이용하여 출퇴근 하는 모습은 가히 장관이다.

편의성 및 경제성 등을 이유로 그 대수가 인구 두 명 가운데 한 대씩인 무려 5,000만대가 넘는다고 알려져 있다. 그러나 베트남 정부에서는 도심지의 복잡함과 공해방지를 이유로 오토바이 대신 버스철도 등 대중교통을 이용을 권고하고 있으나, 효과를 거두지 못하고 있다. 대안으로 현재 수도 하노이는 전기 오토바이로 점차 바꾸는 정책을 강제하고 있다.

만약 베트남이 개발도상국 지위를 벗어나 선진국이 되어 자동차가 오토바이를 대신한다고 가정하면, 시내의 도로 기반 시설이 갖추어 있지 않기 때문에 도심은 교통지옥으로 변할 것이다.

베트남을 방문할 때마다 느끼는 감정은 가까운 미래에 관광대국으로 변화 할 것이라는 생각이 들 정도로 수많은 외국 관광객을 베트남 전국에서 만날 수 있다. 아마도 휴양을 즐길 수 있는 기후와 천혜의 자연 조건이 갖추어졌기 때문일 것이다. 따라서 베트남이 관광객 편의시설을 확충하고 휴양지가 합리적으로 개발된다면 가까운 미래에는 다양한 국적의 수많은 관광객이 몰려 올 수 있는 잠재력을 갖춘 국가이다.

21

일본의 서비스

Japan

일본인의 국화와 검

컬럼비아 대학(Columbia University) 인류학 교수 루스 베네딕트(Ruth Benedict)는 저서 '국화와 검'에서 일본인들의 본성을 비판했다. 저서에서 '일본 사람들은 한 손에는 국화를 들고 유순하고 아름다운 모습으로 보이지만 허리에는 긴 칼을 차고 언제나 싸움을 치를 수 있는 자세를 취하고 있다'고 국민성을 우회적으로 비판하고 있다. 이 처럼 일본 사람들은 표리부동하다는 의미일 것이다.

일본은 지리적으로 우리나라와 가까우면서 섬으로 이루어진 국가이기 때문에 내륙국을 확보하기 위해 우리나라를 침략하여 36년 동안이나 강점하며 식민 지배를 하는 동안 우리 고유의 언어를 말살하고 창씨개명을 추진하는 등 각종 인권을 유린하며 고통을 주었다. 일제 강점기 36년 동안 일본은 세계 제2차 대전을 주도하며 대한민국 젊은이들을 강제로 동원하여 전쟁의 총알받이로 내몰았고, 전쟁 물자를 생산하기 위한 무기 공장이나 탄광에 강제로 징집하였으며, 특히 일본군을 위한 위안부 강제 모집을 통해 수많은 젊은 여성들에게 되돌릴 수 없는 상처를 안기고도 아직까지 진정한 사과를 하지 않고 뻔뻔스럽게도 대한민국을 무시하며 살아가고 있다.

일본은 남한의 3.8배나 되는 국토를 보유하고 있고, 남쪽의 오키나와(Okinawa) 섬으로부터 북쪽의 홋카이도(Hokkaido) 섬까지 무려 약 3.000㎞에 이른다. 그러나 영토의 침략 야욕을 아직까지 버리지 않고 남쪽으로는 센카쿠 열도(尖閣列島, 중국명 : 다오위다오 섬)*를 두고 중국, 대만, 필리핀과 분쟁을 벌이고 있고, 북쪽으로는 러시아로부터 쿠릴열도(Kunil Island)**의 반환을 요구하고 있으며, 일본을 중심으로 서쪽으로는 우리나라 독도를 자기네 영토라고 끊임없이 주장하고 있다.

또한 하이테크 산업(High Technology Industry)의 선구자라는 자부심으로 원전을 건설하여 부족한 전기를 충당했던 일본이 상상조차하기 싫은 사건으로 전 세계에 충격을 주었던 적이 있다. 바로 2011년 3월 후쿠시마(Fukushima) 원전 폭발로 인한 방사능 누출 사고였다.

당시 원전이 폭발하여 엄청난 인적, 물적 피해를 입었으나 특별한 대책 없이 오늘날에 이르고 있다. 당시의 폭발로 오염수가 바다로 유입되어 인근 바다의 물고기들에서 방사선이 검출되는 등 인근 지역도 방사선에 노출되어 폐허가 되었다. 그러나 일본 정부는 후쿠시마 인근 지역에서 잡은 물고기 반입을 금지하는 우리나라 정부의 방침을 비난하였다.

자국민의 안전을 위해 취한 정부의 조치가 도대체 무엇이 잘못되었단 말인가? 원전폭발로 인한 오염수와 오염토 처리에 관해

---

* 중국과 영토분쟁을 하고 있는 총면적 6.32㎢의 8개 무인도로 구성된 섬으로 일본 오키나와의 서남쪽 약 410㎞, 중국 대륙의 동쪽 약 330㎞, 대만의 북동쪽 약 170㎞ 떨어진 동중국해상에 위치해 있다.

** 러시아 동부 사할린주에 속한 4개의 주도와 56개의 섬과 바위섬들이 줄지어 있는 열도로 태평양 북서부 캄차카반도와 일본의 홋카이도(北海道) 사이 1,300㎞에 걸쳐 있다. 쿠릴열도를 중심으로 서쪽은 오호츠크해 동쪽은 태평양으로 구분된다.

일본과 주변국들과 갈등의 소지가 여전히 존재하고 있어 향후 처리 방법이 주목되고 있다.

2022년 7월에는 일본의 보수정치를 대표하는 아베 신조(Shinzo Abe) 전 총리가 참의원 선거 지원 유세도중 총격으로 사망하는 사건이 발생하여 전세계 지도자들에게 충격을 주었다. 아베 신조 전 총리는 우리나라에서 제기된 위안부 문제를 묵살하고 한국 정부에 대해 냉소적으로 일관하여, 위안부 당사자들의 분노를 자아내게 한 장본인이다.

이와 같이 일세 강점기의 가해자 입장에서 겸손하지 못한 태도는 지탄받아 마땅하다. 도대체 과거 가해자들의 양심은 어디에 팔아먹었는가?

그러나 아무리 일본의 극우파를 두둔했거나, 한국 정부를 부정적으로 비판해 왔을지라도 테러(Terror)는 용서할 수 없다. 테러를 당한 아베 신조 전 총리의 명복을 비는 바이다.

아베 신조의 총격 직후 실시된 일본의 참의원 선거에서는 동정심이 작용하여 보수 정권이 3분의 2이상의 의석을 차지하여 어떤 경우라도 외국과 전쟁을 할 수 없도록 규정되어 있는 일본의 평화 헌법을 전쟁이 가능하도록 수정할 수 있는 계기가 마련되었다. 이제는 세계 경제대국은 물론이고 군사적으로도 막강한 힘을 보유할 수 있게 되어 심히 우려스럽기도 하다.

과거 약한 국력으로 인해 외부로부터 무수히 침략을 당했던 사실을 상기시키고, 이제는 더 이상 단지 경제적 또는 군사적으로 약하다는 이유로 침략 당하여 피해자가 되어서는 안 된다. 일치단결하고 국력을 강화하여 감히 얕보지 않고 동반자의 입장에서 세계 평화의 주인공이 되어야 할 것이다.

서비스 마인드

필자는 대부분의 대한민국 국민들이 일본인들의 만행을 규탄하고 있으나 일본인들의 서비스 마인드(Service Mind)는 배워야 한다는 지론을 갖고 있다.

필자가 하얏트 호텔에서 마케팅 부서 책임자로 근무하던 시절 업무차 일본 오사카(Osaka)를 방문하게 되었는데, 일본의 제2의 도시 오사카의 어느 특급호텔에 숙박하면서 진정한 서비스 마인드를 경험할 수 있었다. 일본은 당시 노령사회였기 때문에 호텔 현관이나 로비(Lobby)에서 60, 70대 종업원을 어렵지 않게 만날 수 있었다. 노령임에도 불구하고 고객을 맞이할 때나, 환송할 때의 서비스가 예사롭지 않았다.

젊은이들보다 더 적극적으로 고객의 마음을 편안하게 해 준다. 특히, 인상적이었던 것은 로비 라운지(Lobby Lounge)의 커피숍(Coffee Shop)에서 젊은 여성 종업원(Waitress)의 서비스에 감동을 받았다. 커피를 쟁반에 받쳐 들고 테이블 옆으로 다가와 무릎을 꿇으면서 즐거운 시간 가지라는 예쁜 목소리와 함께 커피 서비스를 하는 모습은 아직까지도 잊을 수가 없다.

또한 필자가 생각하는 일본 사람들은 검소하고 부지런하다. 남들에게 보여주기 위한 허세나 허풍은 타국과 비교했을 때 현실주의를 추종하는 민족으로서 매사에 절약의 정신이 몸에 배어 있다. 과학 분야에서 각 분야의 원천기술***을 보유하고 있는 상태에서 실용과학의 연구가 진행되었기 때문에 우리나라는 고작 김대중 전 대통령이 수상한 노벨 평화상뿐인데도, 일본은 2022년 현재 29개의 노벨상 수상자가 탄생하였고, 그 중 과학 분야가 무려 25개라고 한다. 세계 경제대국으로 인정받는 이유가 바로 이와 같은 국민성이라고 생각한다.

2022년 현재 일본은 GDP 기준 세계3위, 국방력 세계 5위, 노벨상 수상 세계 6위를 기록하고 있다. 이와 같은 실용주의에 입각한 생활문화는 본받아야 한다는 것이 필자의 솔직한 생각이다.

일본인들 마음속의 한국인

일본은 패망했지만 아직까지도 일제 36년간 강점기에 우리에게 저질렀던 만행의 흔적이 여기저기 남아있는 가운데, 시민단체에서는 일본 강점기의 문화를 없애버리기 위해 노력하고 있다. 일본이 태평양 전쟁에서 패한 후 폐허로 변한 국토를 빠른 시간에 복구할 수 있었던 이유는 한국전쟁 당시 전쟁 물자를 조달하면서 산업화를 앞당길 수 있었기 때문일 것이다. 당시 모든 군수

*** 일본은 과학 분야의 실용과학을 연구하기 위해 공동연수활동을 목적으로 3곳의 원천기술 클러스터가 조성되어 있다. 먼저 도쿄지역을 중심으로 '간토 클러스터', 오사카를 중심으로 '간사이 클러스터', 나고야를 중심으로 '추부 클러스터'를 운영하고 있다. 이와 같이 튼튼한 원천기술을 바탕으로 응용과학의 활발한 연구활동이 25개의 노벨과학상을 수상할 수 있었다.

물자는 미국 본토에서 생산하여 공급하는 것이 아니라 가까운 일본에서 생산되어 한국으로 공급되었다.

이와 같이 미국과 전쟁을 치른 상대국이었으나 또 다른 정치이념을 달리하는 공산주의자들과의 전쟁 과정에서 미국과의 우호관계를 유지하면서 경제부흥을 이룰 수 있었다. 우리나라와는 침략자로서의 악연 관계로 남아있지만, 전후 빠른 복구와 각 분야의 산업을 발전시킨 결과 비교적 경제적으로 부국이었기 때문에 1965년 6월 22일 한일협정이 조인된 후에는 개발도상국가로서 일본의 경제시스템을 모방할 수밖에 없었다.

이와 같은 근거는 1970, 80년대에는 일본에서 생산된 옷이나 공산품, 가전제품 등이 우리나라에서 생산된 것과 비교 우위에 있었기 때문에 일본에 거주하는 교포들이 한국을 방문하거나 우리 국민이 업무나 친지방문을 위해 일본을 방문하면 거의 모든 사람들이 일본제 공산품이나 가전제품을 구입할 정도였다. 일본을 방문했을 당시 코끼리 밥솥이나 가전제품 등 많은 일본 공산품을 구매하여 친지들에게 선물로 나누어줬던 적도 있다.

이와 같은 현상은 일제강점기가 지났음에도 불구하고 우리나라가 경제적으로 후발주자였기 때문일 것이다. 경제와 사회적인 측면에서 대부분 미국에서 일본을 경유하여 한국에 전달되는 기이한 현상이 발생하였던 것이다. 한일협정 조인도 독일의 에르하르트(Erhart) 총리의 제안을 받아들여 박정희 전 대통령 당시 이루어져 배상금과 함께 제공된 차관으로 우리나라의 산업화의 발판이 되었다는 것도 틀림없는 사실이다.

요즘 진보적 정치인들은 이와 같은 일본의 성급한 조약을 굴욕의 역사로 치부하면서 당시의 한일협정을 부인하기도 하지만, 무작정 부인하기보다는 공과를 분명하게 따져봐야 할 것이다. 그렇다고 가해국인 일본을 두둔하는 것은 절대로 아니다. 다만, 당시 우리나라가 산업화를 위해 가해 국을 잊을 수는 없으나, 용서하면서 미래를 향해 나아가기 위한 협정이었다는 것이 필자의 견해이다. 그러나 경제후발주자였던 대한민국이 일본의 산업화를 복제했던 안했던 간에 세계경제대국으로서 어깨를 나란히 하고 있다는 것은 우리 모두가 피땀 흘려 노력한 결과일 것이다. 그 결과 과거 선진국으로부터 원조를 받았던 경제개발도상국가의 지위를 탈피하여 우리나라도 세계 10위권(2021년 기준)의 경제대국으로 부상하였고, 세계 군사력 6위권(2021년 기준)을 유지하고 세계무대에서 경제지원국으로서의 역할을 수행하고 있지 않는가?

이제는 일본산 꼬끼리 밥솥이나 가전제품들 보다 '메이드인 코리아(Made in Korea)' 상품이 더 우수하여 전 세계 사람들로부터 호평을 받고 있을 정도로 우리나라 산업이 첨단화 되어 있다. 가전제품과 자동차 생산 등의 급속한 발달로 세계의 경제부국으로서 자리매김하고 있던 일본도 한국을 비롯하여 중국과 개발도상국들의 추격으로 일부의 산업 분야는 세계 제1의 자리를 빼앗기고 있는 실정이다.

아직도 일본 극우 단체의 도를 넘는 행위들은 한국인들의 눈살을 찌푸리게 하고 있으며, 일본인들의 적반하장식의 행동을 규탄하지 않을 수 없다.

그러나 일본국으로부터 강제점령당하고 억압을 피하지 못한 것은 국력이 약했던 과거 우리나라의 상황이 문제의 발단이 되었지 않았을까? 더 중요한 것은 미래지향적이고 대인의 마음으로 이와 같은 일부 일본인들의 비상식적이고 비이성적인 언행을 차단하기 위해서는 보다 겸손한 자세로 국력을 더욱 더 강화하는 것 이외에 다른 방법이 없을 것이다.

미래의 동반자

과거사를 돌이켜보면 뿌리가 같은 민족끼리도 자신들의 이익을 위해 전쟁을 했으며, 동족끼리도 수많은 이유로 인해 적대시하기도 하였으나 공동의 이익을 위해서는 동반자로서의 협력을 통해 국력을 키워나가기도 하였다.

이와 같은 세계사적 측면을 고려할 때 일본과 우리나라의 관계도 항상 과거에만 머물 수는 없을 것이다. 지정학적 위치를 고려해 볼 때에도 일본은 바로 이웃의 해양 국가이다. 서로의 장점과 강점을 존중하고 배우며 자국의 전통 문화를 인정하면서 상호간의 사회, 문화적 교류를 통해 미래지향적인 선진국으로 나아가야 할 것이다.

미래학자들은 여러 가지의 근거를 바탕으로 미래의 부국은 극동아시아(Far East Asia)가 중심이 될 것으로 전망하고 있다. 경제를 비롯해 세계질서의 중심국가가 되기 위해서는 제일먼저 민주주의 이념과 평화가 전제되어야하기 때문에 극동아시아의 허브역할을 담당하기 위해서는 바로 이웃인 일본국과의 화해와 협력이 필수적일 것으로 생각된다.

'코로나 19(COVID 19)' 이전에는 일본 관광객이 차지하는 비중이 중국 다음으로 높았으며, 우리나라 역시 많은 관광객이 일본을 방문하여 사회, 문화적 교류가 활발하였다.

상대국에 대한 이해의 폭을 확대해 나가기 위해서는 민간차원의 교류가 빈번하게 이루어져야 할 것이다. 그렇다고 일본이 저지른 과거의 잘 못된 야욕이나, 현재 일본에서 행해지고 있는 극우파의 언행을 인정하는 것이 아니라는 사실을 다시 한 번 강조하면서 일본인들의 진정어린 사과와 마인드 변화를 촉구하고자 한다.

결론적으로 극동아시아의 중심국가인 일본과 한국 그리고 중국이 세계무대에서 지도자 역할을 위해서는 과거를 타산지석으로 삼되, 생각의 축을 미래로 옮겨 동반자로서의 협력을 강화하여 공동의 이익을 추구해야 할 것이다.

호텔서비스의 무한책임

우리나라를 방문하는 국적의 관광객 수를 기준으로 2000년대 초반까지 단연 일본이 1위를 차지하였다. 그러나 최근에는 '코로나 19' 발생 직전까지 중국 국적의 방문객이 일본 방문객 수를 추월하여 점점 증가하고 있는 추세이다.

필자가 호텔에 몸담고 있었던 1990년대 초의 호텔 서비스에 대한 사례를 소개하고자 한다. 당시 일본 관광객이 호텔마다 넘쳐나던 시절이었기 때문에 일본 관광객을 위한 각종 이벤트가 주를 이루었다. 일본 관광단체가 투숙할 경우 관광을 마친 후 만찬과 전통 악기 연주 등의 다양한 이벤트가 끝나면 늦은 저녁에 호텔에 체크인을 하게 된다.

그런데 어느 날 남자들로 구성된 일본 관광객이 투숙하였는데, 심야에 호텔 객실에서 사고가 발생을 한 것이다. 사고는 입실 후 옆에 머물고 있던 동료의 객실로 모여 음주를 한 다음 각자 자신의 객실로 돌아왔으나, 방문을 열어 둔 채로 잠이 들면서 발생하였다. 문이 열린 객실로 강도가 침입하였고, 이를 목격한 한 일본 관광객이 강도와 몸싸움 도중 강도의 흉기에 의해 객실고객이 얼굴에 찰과상을 입은 것이다. 일반 상식선에서 생각할 때 본인이 객실 문을 열어놓은 상태로 잠이 들었기 때문에 본인에게 책임이 있을 것으로 생각되지만, 국제법을 적용할 경우 호텔 측이 무한책임을 져야 한다. 왜냐하면 호텔에 강도가 출입한 것 자체가 호텔 책임인 것이다. 그런데 그 사고의 당사자는 일본 특정 지방 도시의 국회의원이었던 것이다. 다음날 아침 간단한 치료와 함께 당사자를 만나 보상을 위한 협의를 하고자 하였으나, 막무가내로 일본에 돌아가서 호텔을 고소하고 언론기관에 알린다는 것이었다.

필자는 당시 마케팅 부서를 책임지고 있었기 때문에 사고 당사자가 입은 피해에 대해 정중하게 사과하면서 치료비는 물론 사고로 인한 피해를 모두 배상하겠다는 제안을 하였으나, 받아들여지지 않았다. 당황한 나머지 귀국길에 공항까지 이동하는 차에 동승하여 거듭 사과한 결과 분노가 조금은 누그러진 것 같았으나, 완전히 해결되지 않은 채로 귀국을 하게 되었다.

만약 이와 같은 사실이 일본 언론에 보도된다면 일본 관광객을 더 이상 유치할 수 없는 상황에 이를 수 있으므로 무조건 해결해야만 했기 때문에 재빨리 피해자의 일본 현지 거주지를 찾아가 거듭 사과를 하면서 면담한 결과, 현지까지 찾아와 사과하는 정성을 고마워하면서 모든 것을 없었던 것으로 하겠다는 다짐을 받고 귀국한 경험이 있다.

이처럼 호텔의 서비스는 방문객의 안전을 최우선으로 해야 하기 때문에 일단 호텔 내에서 발생한 모든 사건은 호텔에서 무한 책임을 지는 것이 진정한 호텔서비스일 것이다.

서비스 종업원의 호칭

독자 여러분은 식당이나 호텔에서 종업원을 부를 때 호칭을 어떻게 하나요? 생뚱맞은 질문이 되겠지만 따지고 보면 호칭이 애매할 것이다. '아가씨', '아줌마', '웨이터', '웨이츄리스', '이모' 등 사회적으로 합의된 호칭이 없는 것 같다.

그러나 가까운 중국에는 '服務員(복무원)'이라 호칭하고, 일본에서는 'すみません(미안합니다)', 미국에서는 'Excuse me(실례합니다)'라는 호칭으로 통일되어 있다.

국민 모두가 공감하는 서비스 종업원에 대한 호칭은 뭐가 있을까? 우리 다 같이 고민해 볼 필요가 있다.

저자 **이 희 천**

경희대학교 관광경영대학원 수료(경영학 석사)
경성대학교 경영대학원 수료(경영학 박사)
- Al Shamrany Co., Ltd.
- Hyatt Regency Busan(Marketing Director)
- Saudi Steel Pipe Co., Ltd.
- 김천대학교 항공관광호텔과 근무(1997~2019)

지구촌 여행과 교육이 주는 지혜

2022년 11월 10일 1판 1쇄 발행

저 자 이희천
발행인 남승우

발행처 도서출판 상학당
신고 : 2-155호(1968.11.29.)
주 소 서울특별시 동작구 사당로9가길 6
전 화 02)595-1692~4
팩 스 02)595-1394
이메일 shdbooks@naver.com
정 가 14,000원
표 지 토틀컴
I S B N 978-89-6587-229-0 03810